CHAKRA BOSS:
SLAYING BUSINESS WITH SPIRITUAL SWAG

AUTHOR
KIMBERLY K. WILLIAMS

Copyright © 2024 by Kimberly K. Williams

All rights reserved. No part of this book may be reproduced in any manner whatsoever without written permission except in the case of brief quotations embodied in critical articles and reviews.

First Printing, 2024

Table Of Contents

Introduction: Uniting Spirituality and Business Success
Chapter 1: Understanding the chakras
Detailed description of each Chakra
How they influence personal well-being
Chapter 2: The Root Chakra in Business - Building a Stable Foundation
Stability and security in business
Case study- Mama Kim's Bakery
Chapter 3: The Sacral Chakra - Get Your Creative Juices Flowing in Business
Nurturing creativity and connections
Practical tips for businesses
Chapter 4: The Solar Plexus Chakra - – Boss Up and Make Bold Moves
Strategies for strengthening this Chakra
Chapter 5: The Heart Chakra - Where Love Meets the Ledger
Building compassionate work environments
Real Life Example of how Love meets the ledger
Chapter 6: The Throat Chakra – Speak Up and Shine in Business
Effective communication strategies
Chapter 7: The Third Eye Chakra - Visionary Vibes in Business
Fostering vision and long-term planning
Meditation and mindfulness exercises
Chapter 8: The Crown Chakra - Elevating Business to a Higher Plane
Ethical business practices
Aligning business with higher purposes
Bonus Section: Kickin' Anxiety to the Curb - In Life and Business
A sweet tip on not allowing Anxiety to interfere with your business
Conclusion
Integrating Chakra principles in daily business life
Encouragement and final thoughts

This Book Is Dedicated To:

To the woman who unknowingly crafted the essence of my self-pride and spirituality, my dear mother. Your strength, sass, and unwavering love have shaped me into the force to be reckoned with that I am today, and to all the other women in my life who helped raise me.

To my brother, my eternal business partner and boss motivator, even in his afterlife. Your legacy lives on in every deal closed and every challenge conquered.

To my relentless source of strength and inspiration, my children. You are the fire that fuels my hustle, and the reason I keep pushing boundaries and breaking barriers.

To my dad, the epitome of realness and the truest boss I know. Thank you for teaching me the ropes and instilling in me the grit and determination to conquer whatever comes my way.

To my badass friends, the fierce warriors who keep me grounded and witty with their support and empowerment. You remind me that laughter is the best medicine, especially when served with a side of sass.

To my fellow Bosses who hustle hard, defy odds, and conquer fears through the power of spirituality. Keep shining, keep grinding, and keep manifesting those dreams into reality.

This dedication is a tribute to the powerful souls who have shaped my journey, filled it with purpose, and inspired me to keep slaying with sass and spirit. Here's to us, the unstoppable forces of nature, rewriting the rules and leaving our mark on the world.

With love, wit, and unapologetic sass,

Kim

Table Of Contents

Introduction: Uniting Spirituality and Business Success
Chapter 1: Understanding the chakras
Detailed description of each Chakra
How they influence personal well-being
Chapter 2: The Root Chakra in Business -
Building a Stable Foundation
Stability and security in business
Case study- Mama Kim's Bakery
Chapter 3: The Sacral Chakra -
Get Your Creative Juices Flowing in Business
Nurturing creativity and connections
Practical tips for businesses
Chapter 4: The Solar Plexus Chakra - – Boss Up and Make Bold Moves
Strategies for strengthening this Chakra
Chapter 5: The Heart Chakra - Where Love Meets the Ledger
Building compassionate work environments
Real Life Example of how Love meets the ledger
Chapter 6: The Throat Chakra – Speak Up and Shine in Business
Effective communication strategies
Chapter 7: The Third Eye Chakra - Visionary Vibes in Business
Fostering vision and long-term planning
Meditation and mindfulness exercises
Chapter 8: The Crown Chakra - Elevating Business to a Higher Plane
Ethical business practices
Aligning business with higher purposes
Bonus Section: Kickin' Anxiety to the Curb -
In Life and Business
A sweet tip on not allowing Anxiety to interfere with your business
Conclusion
Integrating Chakra principles in daily business life
Encouragement and final thoughts

This Book Is Dedicated To:

To the woman who unknowingly crafted the essence of my self-pride and spirituality, my dear mother. Your strength, sass, and unwavering love have shaped me into the force to be reckoned with that I am today, and to all the other women in my life who helped raise me.

To my brother, my eternal business partner and boss motivator, even in his afterlife. Your legacy lives on in every deal closed and every challenge conquered.

To my relentless source of strength and inspiration, my children. You are the fire that fuels my hustle, and the reason I keep pushing boundaries and breaking barriers.

To my dad, the epitome of realness and the truest boss I know. Thank you for teaching me the ropes and instilling in me the grit and determination to conquer whatever comes my way.

To my badass friends, the fierce warriors who keep me grounded and witty with their support and empowerment. You remind me that laughter is the best medicine, especially when served with a side of sass.

To my fellow Bosses who hustle hard, defy odds, and conquer fears through the power of spirituality. Keep shining, keep grinding, and keep manifesting those dreams into reality.

This dedication is a tribute to the powerful souls who have shaped my journey, filled it with purpose, and inspired me to keep slaying with sass and spirit. Here's to us, the unstoppable forces of nature, rewriting the rules and leaving our mark on the world.

With love, wit, and unapologetic sass,

Kim

Introduction:
Uniting Spirituality and Business Success

Lets step into the cutthroat world of business where it's all about bossing up by hustle and making them coins. But honey, there's a new game in town that's mixing ancient spiritual vibes with that modern money grind. Say hello to the world of Chakras!

These spinning energy hubs, straight outta Eastern traditions, are like the superheroes of your soul, each packing a punch with unique powers for your mind, body, and spirit. When these energies are aligned it's like a whole symphony of health, happiness, and vitality to your life. Believe it or not, Chakras have a thing or two to teach us about bossing up too. Picture stability, creativity and confidence - the key ingredients to slay in the business world. By getting in tune with our Chakras, we can tackle work drama like a zen master with the strength of a warrior. Get ready for a wild ride that mixes aligning your chakras with promising business success and personal growth like you never imagined! In "Chakra Boss: Slaying Business With Spiritual Swag ," we're diving deep into each Chakra, linking their vibes to top-tier leadership skills and savvy business moves. Packed with real-life stories, badass exercises, and soul-soothing meditations, get ready to level up your business game through spiritual alignment.

Get set for a life-changing journey that merges your energy with business smarts, making way for a seamless blend of personal and professional success! Trust me, sis, it's gonna be lit!

Chapter 1 : Understanding The Chakras

Girl, let me break it down for you real quick. Chakras aren't just some fancy Eastern mumbo jumbo - they're the energy centers in our bodies where all that life force flows through. It's like our energetic GPS, guiding us to physical, emotional, and spiritual harmony.
So, there are seven main Chakras lined up along the spine, from the base right up to the top of the head. Each one has its own vibe, from stability and security at the Root Chakra to love and compassion at the Heart Chakra. And let me tell you, when these Chakras are in sync, life is good. But when one of them is blocked or off balance, Honey, it's like the universe got its wires crossed and now we're dealing with all this chaos in our bodies and minds!

We got the Root Chakra holdin' it down at the base of the spine, keepin' us grounded and stable. Then we got the Sacral Chakra below the navel, all about creativity and emotion - you know, feelin' our feels.
The Solar Plexus Chakra in the belly area! That's where our confidence and personal power come from. And the Heart Chakra? Well, that's all about love and connection. In the throat, we got the Throat Chakra, keepin' our communication game strong. Then the Third Eye Chakra between the eyes - that's where the intuition and vision are at.
Last but not least, the Crown Chakra sittin' pretty at the top of the head, connectin' us to the universe and all that good stuff.

So, buckle up, y'all - we're about to dive deep into each Chakra, see how they can bring some magic to our business and personal lives.

Chapter 2: The Root Chakra In Business - Building a Stable Foundation

Let's talk about the Root Chakra, also known as Muladhara, the OG of the seven Chakras. It's right at the base of your spine. In our bodies, it's all about our basic needs for survival, security, and stability. And guess what? When we're talking biz, these principles are like the secret sauce for building something that lasts.

Keeping It Solid in Business:

Just like the Root Chakra holds down the fort in our personal lives, in business, it's all about nailing down the essentials—like making sure your finances are straight ex: having a business bank account separately from your personal account, your business plan is on point, and your foundation is rock-solid ex: Incorporation, EIN, business address and phone number. When your business is rooted in these things, it can weather any storm and grow like nobody's business.

Why a Strong Foundation Matters:

Listen up, y'all, a business without a solid foundation is like trying to build a mansion on quicksand. You gotta have: Crystal-clear goals and a vision that's tighter than your auntie's Sunday hat. Money matters that are locked down tight and plans for how you're gonna use 'em. A brand that's so trustworthy, folks will give you their last dollar without batting an eye.

Root Chakra Hustle Practices for Business:

If you wanna keep that Root Chakra in check for your biz, here's what you gotta do: Keep a vigilant watch over your finances, like you're hooked on your must-watch series.

Create a workplace vibe that's all about security and stability—no drama, just results. Make decisions based on hard facts and real-deal projections, not just wishful thinking.

Case Study: The Root Chakra in Action - Mama Kim's Bakery

Meet Mama Kim, the proud owner of Mama Kim's Bakery, a small but thriving business known for its mouthwatering treats and warm atmosphere.

Root Chakra Stability: From day one, Mama Kim understood the importance of stability in her business. She made sure to: Secure a prime location for her bakery, ensuring foot traffic and visibility.

Established solid relationships with suppliers, guaranteeing a steady flow of quality ingredients.

Implemented a tight budgeting system, keeping expenses in check and profits steady.

Building a Strong Foundation: Mama Kim knew that a successful business needed a strong foundation. She focused on:

Crafting a clear mission and brand identity, centered around family, tradition, and homemade goodness. Invested in staff training and development, creating a reliable team that shared her passion and values. Prioritizing customer satisfaction, going the extra mile to create memorable experiences and build trust.

Root Chakra Alignment Practices: To keep Mama Kim's Bakery thriving, Mama Kim stayed true to Root Chakra principles by:

Regularly reviewing financial performance and adjusting strategies as needed. Cultivating a welcoming and supportive work environment, where employees felt valued and motivated.

Making strategic decisions based on market trends and customer feedback, ensuring the bakery remained relevant and competitive.

Through Mama Kim's dedication to Root Chakra principles, Mama Kim's Bakery had become a beloved community staple, serving up not just delicious treats, but also a sense of stability and connection for all who walk through its doors.

Alright, sis, let's talk about techniques you can use to strengthen your Root Chakra:

Grounding Meditation:
Find yourself a cozy spot, honey, and settle in. Picture those roots shooting out from your spine or your feet, diving deep into Mama Earth. Feel the strength and steadiness coursing through you with every breath. Focus on feeling rooted and centered, like you're holding down the fort.

Physical Activity:
Get your body moving in ways that connect you with the earth, girl. Kick off your shoes and stroll barefoot on some grass, get your hands dirty in the garden, or strike a pose in yoga —try out Mountain Pose (Tadasana) or TreePose (Vrksasana).
These activities aren't just about getting fit, they're about grounding yourself in the here and now, feeling that stability from head to toe.

Nutrition:
Eat root veggies like carrots, potatoes, beets, you name it. They're like nature's way of saying, "Hey, get grounded!" And don't forget to keep that hydration game strong, 'cause water's the real MVP when it comes to balancing that Root Chakra.

Visualization: Picture a bold, fiery red light right at the base of your spine, representing the Root Chakra power. With each breath you take, watch that red glow get stronger and more fierce, reminding you that you're as secure as they come, and grounded like nobody's business.

Root Chakra Affirmation: Now, repeat after me, loud and proud:
"I'm rooted, stable, and standing on solid ground. I'm as secure as a queen on her throne, connected to Mama Earth in every way. With every breath, I'm building a foundation so strong, nothing's gonna shake me from my personal and professional glow-up!"

Chapter 3: The Sacral Chakra - Get Your Creative Juices Flowing in Business

Alright, bosses, let's talk about your Sacral Chakra, the Svadhishthana. This little gem is all about creativity, passion, and making connections that matter – it's like the social butterfly of your energy centers. When your Sacral Chakra is in check, honey, you're the life of the party and the heart of your business!

Embrace Your Inner Creative Genius:

The Sacral Chakra is where your creative magic happens. Whether you're brainstorming the next big thing or finding innovative solutions, when this chakra is popping, so are your ideas.

Encourage creativity in your workspace. Make it colorful, make it inspiring! Throw some art on the walls, play some good old school r&b – whatever makes your spirit dance.

Relationship Realness:

This chakra isn't just about vibes, it's about deep connections – the kind that make your soul sing. It's all about teamwork, understanding your crew, and vibing with your clients.

Foster an environment in your workplace where folks can speak their truth and understand each other. It's all about respect, communication, and a little bit of fun too!

Adding Spice to Your Sacral Chakra:
Time to let those creative juices flow, darling. Hit up a dance class, put up some paintings, or start a cute project. It's all about expressing yourself and keeping that energy popping.

Relationships are a two-way street, baby. Have regular check-ins with your team, organize team-building activities, or just have a good ol' gossip session over tea. Keep it real and keep it caring.

"The Sacral Sizzle – Let's Fire it Up with an Affirmation: Now, let's amp up those vibes. Place a hand on your belly, right below the navel, feel that energy, and repeat after me:

"I am a fountain of creativity and passion. My connections in business and in life are deep and fulfilling. I embrace my power to create and connect with joy and zest."

Feel that? That's you, turning up the heat in your business and in life.

Chapter 4: The Solar Plexus Chakra – Boss Up and Make Bold Moves.

Welcome to the power pad – we're talking about the Solar Plexus Chakra! Situated right above your belly button, this chakra is like the CEO of your energy crew. It's all about personal power, rockin' that self-esteem like your the Queen, and strutting those boss moves. When this chakra is on fire, nobody is gonna rain on your parade in business or life!

Confidence is Your Secret Sauce:

This chakra is where your confidence gets its swag on. It's about owning your flavor, your business, and every choice you make. Doubt? Nah, we don't do that here.

Set the stage for confidence in your workplace. Let your crew know they're valued and their ideas are pure gold. A sprinkle of empowerment goes a long way, honey!

Callin' the Shots Like a Boss:

The Solar Plexus is where the magic of decision-making happens. It's that gut feeling when you know what's what (or what's not) for your business. Trust your gut, but also back it up with some cold, hard facts. It's like having a built-in GPS for your business – it guides you, but you're still the one behind the wheel.

Ignite That Solar Plexus Flame:

Let's turn up the heat in your belly, honey. Pump up those affirmations that boost your self-esteem, dive into new challenges, and don't be afraid to take the lead.

Keep that body movin' ' – whether it's kickin' it with martial arts, hitting the pavement for a run, or having a fierce dance-off , get that energy flowin'!

Affirmation Time – Speak Your Power Into Existence:

Stand tall, hand on your belly button, and let's bring the magic:
"I am fierce, capable, and confident. My intuition is sharp, and I make moves with clarity and courage. I lead with strength and grace in my business and beyond."

Feel that vibe? That's your inner boss strutting into the spotlight, ready to slay the day!

Chapter 5: The Heart Chakra - Where Love Meets The Ledger

Welcome to the heart of it all, where the Heart Chakra, aka Anahata, reigns supreme, honey. This is where love, compassion, and connection don't just stroll in but sashay into the office with all the flair and soul you can imagine. When this chakra is singing its tune, it's like your business is giving the world one big, warm hug.

The Rhythm of Business Love:

Picture the Heart Chakra as your emotional savvy sidekick, always nudging you to lead with love and understanding. This isn't just about being nice; it's savvy business, darling.

A business with heart is where people feel seen, clients feel heard, and everybody's part of the tribe. It's about crafting an atmosphere where people don't just clock in; they come alive.

Empathy: Your Superpower Move:

Let's be real, people can sniff out fake kindness like yesterday's leftovers. Genuine empathy – now that's the secret sauce. It's about empathizing with your team's struggles, your client's dreams, and cooking up solutions that truly resonate.

Leading with empathy is like having a magic wand. It helps you vibe with people on a whole other level, build trust, and let's keep it real, it makes you downright lovable.

Heart Chakra TLC – Keeping that Love Alive:

To keep this chakra shining bright, sprinkle a little gratitude and love around. Show your squad some appreciation, pop some champagne for their wins, and let them know they're the real MVPs.

Listening isn't just about hearing; it's about tuning into the heartbeat of others. Hold space for folks to share their stories and feelings. It's like being a soul DJ, spinning the perfect track for the moment.

Affirmation Time – Speak from the Heart:

Place your hand over your heart, feel its rhythm, and let's get those love vibes flowing:

"I lead with love and understanding. My heart guides me to build real connections and nurture relationships rooted in respect and empathy. In my business, every heartbeat contributes to our collective success and harmony."

Let me spin you a real-life tale that brings the Heart Chakra's essence to life:

Meet Barbara, a savvy entrepreneur with a heart of gold and a thriving business in event planning. Barbara's company wasn't just about orchestrating events; it was about creating moments that touched hearts and souls.

One day, Barbara received a call from a client, Staja, who was planning her wedding. Staja was overwhelmed with stress and anxiety, worried that her big day wouldn't live up to her dreams. Barbara could feel the tension in Stajas voice, and her Heart Chakra nudged her to dive deeper.

Instead of just discussing the logistics, Barbara took the time to listen to Stajas hopes and fears, tuning into her emotions. Barbara assured Staja that she wasn't just another client – she was a friend, and Babara was there to make her dreams come true.

With Barbara's empathetic touch, the planning process transformed from a stressful ordeal into a journey filled with love and joy. Barbara went above and beyond, adding personal touches to the wedding that reflected Stajas and her partner's unique love story.

On the big day, as Staja walked down the aisle, tears of joy streamed down her face. Barbara stood in the background, watching the scene unfold with a heart full of gratitude. In that moment, Barbara knew that her business wasn't just about events; it was about weaving love and connection into every detail. Through Barbara's compassionate approach, her business flourished not just because of her expertise but because of the love she poured into every interaction. Barbara's journey was a testament to the power of the Heart Chakra in business – where love truly met the ledger, creating unforgettable moments that touched lives forever.

Feel that warmth? That's the power of love in business, darling.

Chapter 6: The Throat Chakra – Speak Up and Shine in Business

Welcome to the main event, darlings, where we're talking about the Throat Chakra, also known as Vishuddha! This is where your voice, your truth, and your authentic Sass and Wit take center stage. When this chakra is in full swing, your communication is smoother than silk and packs a punch like a diva's hit song.

Unleashing Your Business Voice:

The Throat Chakra is all about letting your voice be heard loud and clear, standing firm by your words like a Boss. It's your inner Beyoncé grabbing that mic in the office, on a call, or during a presentation.

In business, there's no room for mumbling or fumbling. It's about saying what you mean, meaning what you say, and doing it with sass and wit.

The Art of Authentic Expression:

Authenticity isn't just a buzzword, honey, it's your signature move. It's about staying true to your roots and letting your unique flavor shine through in every aspect of your business.

Whether it's in branding, marketing, or everyday convos, let your business's personality sparkle. It's like giving your business its own special sauce – make it unforgettable!

Vocal Vibes – Keeping Your Throat Chakra in Harmony:

Practice communication that's clear as crystal and warm as a summer breeze. It's not just about what you say, it's how you say it. Like a good song, it's the vibe that captures the soul.

Don't hold back, sis. Whether you're pitching a new idea, giving feedback, or standing tall for what you believe in, let your voice ring out loud and proud.

Affirmation Time – Speak It Into Existence:

Gently touch your throat, give it a little clear (ethahhh.... ethahhh) and with all the conviction of a diva, belt out:

"I speak my truth with clarity and confidence. My words carry weight and make waves. In my business, my voice forges real connections and sparks change for the better."

Can you feel that power, honey? That's the magic of a Throat Chakra in perfect harmony, bringing all the sass and shine to your business game.

That's how we keep our Throat Chakra in harmony, making every word we utter in business as impactful as a heartfelt lyric.

Alright, let's talk about the throat chakra and how it's not just about belting out tunes in the shower or dropping wisdom like it's hot—it's a secret weapon in the business game, honey!

Picture this: You're in a high-stakes meeting, trying to seal the deal like the boss you are. Your throat chakra, aka the powerhouse of communication, steps up to the plate. It's not just about talking the talk; it's about speaking your truth with confidence, clarity, and a sprinkle of that signature sass.

When your throat chakra is on point, you're not afraid to pitch that idea, negotiate like a pro, or shut down any nonsense that comes your way. Your words carry weight, your voice commands attention, and you leave no room for doubt or hesitation.

But here's the kicker: it's not just about what you say, but how you say it. Your throat chakra vibes are all about authenticity and integrity. You're not here to play games or put on a show—you're here to speak your truth, loud and proud.

So, whether you're sealing deals, leading meetings, or simply dropping knowledge bombs like confetti, remember to channel that throat chakra energy. Speak up, speak out, and let your voice be heard, because in the world of business, silence isn't golden—it's just missed opportunities, darling!

Chapter 7: The Third Eye Chakra - Visionary Vibes in Business

Welcome to the Third Eye Chakra, or Ajna, where intuition and foresight rule supreme. In the hustle and bustle of business, this chakra drops wisdom and clarity like it's hot. When this chakra is on point, darling, you're not just seeing things as they are, you're seeing the whole cosmic dance.

Intuition: Your Business BFF:
The Third Eye Chakra is all about trusting that inner knowing, that little voice that dishes out genius ideas or gives you the heads up when something's fishy. It's like having your own business whisperer.

In a world where everyone's obsessed with data, never sleep on the power of intuition. It's like having a secret weapon, helping you see beyond the surface and make moves with some serious insight.

A Vision for the Win:
This chakra isn't just about having 20/20 vision; it's about dreaming up your future. It's about setting goals that not only look good on paper but light a fire in your soul.

Keeping Your Third Eye Sharp:
To keep this chakra shining bright, get your mindfulness and meditation game on. It's not just about clearing your mind; it's about opening it wide to the universe's grand buffet of possibilities.

Dive into activities that spark your imagination and get those creative juices flowing. Read books, grab the Boss By Hustle Manifestation, or Gratitude journal, research articles, explore, soak up knowledge like a sponge – feed that Third Eye like it's the VIP at a soulful feast.

Affirmation Time – Visualize and Vocalize:
Close those beauty sleeper (yeah, I know, ironic), gently tap your forehead, and let's declare:
"I trust my gut and ride my vision. My insights steer me towards smart moves that pave the way for my business's long-term greatness. I spot opportunities where others see roadblocks."
Feel that intuition downloading? That's the power of a Third Eye Chakra shining bright in the world of business, baby, and just like that, we've unlocked the visionary potential of the Third Eye Chakra
Alright, picture this: You're strutting into a meeting, feeling like the queen of the hustle that you are, ready to make some serious boss moves. But hold up, sis, before you even open your mouth, let's talk about that third eye chakra and how it's about to take your boss game to a whole new level.
Now, the third eye chakra isn't just some mystical mumbo-jumbo—it's your secret weapon for seeing beyond the surface, tapping into your intuition, and making those savvy business decisions that leave the competition in the dust.
So, here's the scenario: You're faced with a tough call, a make-it-or-break-it decision that could either catapult your business to new heights or send it crashing down like a house of cards. That's where your third eye chakra swoops in like a superhero, giving you that extra dose of intuition and insight to see the bigger picture.
So there I am, sitting in my office, staring at the phone like it's some mystical artifact with the power to shape my destiny. On one end of the line lies the promise of success, like a pot of gold at the end of a rainbow. On the other end? Well, let's just say it's not exactly a walk in the park. But honey, when you're a boss like me, you don't let fear call the shots. Nah, you grab life by the horns and ride it like a bucking bronco at the rodeo.

So I take a deep breath, channeling all the sass and wisdom of my ancestors, and dial that number like I'm punching in the code to the vault of my dreams

With a flick of my perfectly manicured finger, I make the call. The decision that could change everything. And as the words leave my lips, I can practically hear my third eye chuckling in delight, like, "Girl, I told you so."

And wouldn't you know it, the universe answers with a wink and a nod, like it's been waiting for me to make my move all along.
The conversation? Ringggg ringggg.
Voice on the other end: "Well, well, well, look what the cat dragged in. Are you ready to talk business?"
Me: "You bet I am. Let's see what you got."
Voice on the other end: "Oh, I've got something I think you can handle, trust me. Now, let's talk business. I've got an offer you can't refuse."
Me: "Oh, do tell, darling. I'm all ears."
Voice: " I have a position open that I think you would be great for."
Me: "Alright, listen up. I want a seat at the table, and not just any seat. I want the head honcho's chair, with a side of extra perks and a sprinkle of respect."
Voice: "Hmm, bold move, darling. But can you handle the heat?"
Me: "Honey, I eat heat for breakfast and wash it down with a glass of ambition. So what do you say? Are we gonna make magic happen or what?"
Voice: "You drive a hard bargain, but I like your style. Let's make a deal."
Me: "That's what I like to hear. Now, let's shake on it and get this show on the road. I've got places to be and empires to conquer."

And just like that, the deal is done, sealed with a virtual handshake and a promise of greatness on the horizon.
You're not just relying on facts and figures—you're tapping into your gut instincts, your inner wisdom, and those divine downloads from the universe. Whether it's sniffing out a shady deal, spotting a golden opportunity, or navigating through the twists and turns of the business world, your third eye chakra is your ultimate hustle buddy.
But here's the kicker: you gotta trust it, sis. Trust that inner voice, trust those gut feelings, and trust that you're always being guided towards your highest good. Because when you align your hustle with your intuition, there ain't no mountain high enough, no deal too tricky, and no obstacle you can't overcome.
So, boss up, tune in, and let that third eye chakra lead the way. Because in the game of hustle, it's not just about making moves—it's about making magic happen, one intuitive decision at a time.

Chapter 8: The Crown Chakra - Elevating Business to a Higher Plane

Welcome to the grand finale of our chakra journey, we're talking about the Crown Chakra, aka Sahasrara. Positioned right at the tippy-top of your head, this chakra is your spiritual hotline to something bigger than yourself – whether it's the universe, a higher power, or your own divine essence. When it's shining bright, baby, your business isn't just a business; it's a divine calling.

The Spiritual Symphony of Success:

The Crown Chakra is about realizing that your business is just one note in the grand symphony of life. It's about finding purpose beyond profit, recognizing your ripple effect on the world, and dancing to the rhythm of your true essence. Imagine your business as a sacred dance, a collaboration with the universe that moves hearts, minds, and souls. It's about intertwining your purpose into every fiber of your being and business.

Soulful Business Vibes:

This chakra invites you to ponder the profound questions: Why does my business exist? Who am I serving? What legacy am I creating?

A soul-driven business resonates on a deeper frequency with your team, attracting people who vibe with your vision and mission. It's not just about what you do; it's about why you do it – the soul fuel that ignites your journey.

Crowning Glory – Nurturing Your Divine Connection:
To keep this chakra shining like a beacon in the night, indulge in practices that elevate your energy. Dive into meditation, pour your soul into reflective writing, grab the Boss By Hustle Bundle Pack that includes the Gratitude Journal, Manifestation Journal and the Affirmation Planner and bask in the beauty of nature's embrace.
Take time to revisit and reflect on your business's mission and vision. Ensure they dance in harmony with your deepest values and contribute to the symphony of global transformation.

Affirmation Time – Reach for the Stars:
Place your hand gently on top of your crown, and with the power of purpose, declare:
"I am a vessel for divine purpose through my business. I lead with spiritual vision and unwavering integrity, birthing positive transformation. My work is an ode to my highest self, a melody of love echoing through eternity." Feel that connection pulsating through your being? That, my dear, is your Crown Chakra aligning your business with the universe!

Honey, with the Crown Chakra, we've hit the mountaintop of our chakra and business odyssey, mixing spirituality with strategy for a business journey that's downright divine. Now, with all our chakras lined up like they're ready to strut the catwalk, you're geared up to tackle the business world with a cocktail of wisdom and creativity all aligned. Alright, honey, let's spice up that crown chakra with some soulful and sassy eats! Here's how to align your vibe and elevate your hustle: Sip on Some Tea: Ain't nothing like starting your day with a cup of herbal tea that's brewed with love and wisdom. Get your hands on some chamomile or peppermint tea, and let those flavors dance on your palate like it's your own personal party.

Green Goddess Goodness: Get your greens on, honey! Whip up a mean salad loaded with kale, spinach, and all the leafy goodness your crown chakra desires. Top it off with some avocado slices and sprinkle it with seeds for that extra crunch.

Fruit Fiesta: Dive into a bowl of fresh, juicy berries like it's a celebration of life itself. Blueberries, strawberries, raspberries—you name it, babe! These little bursts of sweetness will not only satisfy your cravings but also give your crown chakra the boost it needs to shine bright like a diamond.

Spice Up Your Life: Don't be afraid to get spicy, darling! Add a pinch of turmeric, a dash of ginger, or a sprinkle of cinnamon to your meals and watch as your taste buds do a happy dance. These spices isn't just for flavor—they're like magic that awaken your senses and ignite your spirit.

Chocolate Dreams: Treat yourself to a little indulgence with some dark chocolate goodness. Not only does it satisfy your sweet tooth, but it also gives your brain a little love with its antioxidant-rich goodness. So go ahead, indulge in a square or two (or three)—you deserve it!

Mindful Munching: Slow down, baby, and savor each and every bite like it's a divine experience. Eating mindfully isn't just about nourishing your body—it's about feeding your soul and connecting with the energy of your food. So chew slowly, chew sassily, and let those flavors transport you to a higher plane of existence.With these soulful and sassy eats, you'll have your crown chakra beaming brighter than a disco ball at midnight, ready to conquer the world with style, grace, and a whole lot of bossy sass.

Bonus Section:
Kickin' Anxiety to the Curb - In Life and Business

Alright, loves, let's chat about showing anxiety the door in both our personal and professional worlds. Anxiety? Honey, it's like that party crasher who's overstayed their welcome. But fear not, we're about to give it the boot.

1. Inhale the Good Stuff :

When anxiety comes knocking, take a deep breath, and I mean deep. Inhale the good vibes, exhale the drama. It's like giving your soul a pep talk. Dive into some breathing exercises or a quick meditation sesh. Picture each breath as a wave washing away those pesky worries.

2. Shake it Off with a Dance Break:

Crank up those old school hits and let loose with a dance party, right where you are. Dancing isn't just fun; it's a one-way ticket to Stress-Freeville, Anxiety, who?

3. Mindset Makeover:

In business, flip the script on those anxious thoughts. Instead of "What if I mess up?" try "What can I learn?" Shift from fear to curiosity – it's a game-changer.

Grab your Boss By Hustle journal or have a 'win' list handy to remind yourself of all the boss moves you've made. It's like your personal hype squad.

4. Squad Goals:

Surround yourself with positive vibes only – your ride-or-die crew. Whether it's your tribe, fam, or work squad, their energy can turn your day around.

In business, create a team vibe that's all about lifting each other up. It's about having each other's backs, no matter what.

5. Treat Yourself: Pamper yourself with some self-care. Whether it's a spa day, diving into a good book, or just some quiet time, recharge those batteries, honey. Remember, your mental health matters in life and in business. If anxiety's cranking up the volume, talking to a pro is the ultimate power move.

Affirmation for Anxiety-Free Living:

Let's seal this with an affirmation fit for Boss Ladies Everywhere . Hand on heart, repeat after me:

"I am more powerful than my anxiety. In life and in business, I choose bravery over worry, action over fear. Every step I take is a strut towards peace and success."

Conclusion: Strutting into Success - A Chakra-Inspired Business Journey

Honey, we've danced through the chakras, from the grounding vibes of the Root to the lofty realms of the Crown, and what a journey it's been! Each chakra, with its unique energy and lessons, has shown us how to infuse our businesses with soul, swag, and a whole lot of smarts.

The Full Spectrum of Success:

Remember, my fabulous Bosses, business success isn't just about the numbers; it's about the energy you bring to every deal, every plan, and every day. These chakras aren't just spiritual concepts; they're practical tools to keep you balanced, inspired, and aligned.

From the Root to the Crown, each chakra has offered us wisdom on stability, creativity, confidence, love, communication, insight, and purpose. When harmonized, they turn you not just into a business owner, but a business force.

Beyond the Office: This isn't just about thriving in the market; it's about thriving in life. When your chakras are aligned, you're not just a better boss; you're a better you. You're living proof that when you bring your whole, authentic self to your work, magic happens. And let's not forget, this journey is also about the vibe you put out into the world. Your business can be a beacon of positivity, a catalyst for change, and a testament to your personal journey.

Keep Shining, Keep Bossing Up By Hustle:

As we close this book, remember that the journey with your chakras is ongoing. They're like old friends who have your back - check in with them, nurture them, and let them guide you.

Whether you're negotiating a deal, brainstorming your next big project, or just sitting down with a cup of coffee to plan your day, remember: You have the power, the wisdom, and the soul to make it extraordinary. So, strut into your business world with confidence, darling. Keep that head high, heart open, and spirit bright. You've got a whole chakra squad behind you, and girl, you're going to make it spectacular!

Namaste

SEVEN CHAKRAS

CROWN *Sahajrara*	THIRD EYE *Ajna*	THROAT *Vishuddha*	HEART *Anahata*	SOLAR PLEXUS *Manipura*	SACRAL *Svadhisthana*	ROOT *Muladhara*
The crown (7th chakra) is located at the top of the head. It represents states of higher consciousness and divine connection. Imbalanced attributes would be cynicism, disregarding what is sacred, closed mindedness, and disconnection with spirit.	The third eye (6th chakra) is located in the center of the forehead, between the eyebrows. It represents intuition, foresight, and is driven by openness and imagination. Imbalanced attributes would be lack of direction and lack of clarity.	The throat (5th chakra) is located at the center of the neck. It represents the ability to speak and communicate clearly and effectively. Imbalanced attributes would be shyness, being withdrawn, arrogance and increased anxiety.	The heart (4th chakra) is located in the center of the chest. It represents love, self-love, and governs our relationships. Imbalanced attributes would be depression, difficulty in relationships, and lack of self-discipline.	The solar plexus (3rd chakra) is located below the chest. It represents self-esteem, pleasure, will-power, and personal responsibility. Imbalanced attributes would be low self-esteem, control issues, manipulative tendencies, and misuse of power.	The sacral (2nd chakra) is located below the navel. It represents creative and sexual energies. Imbalanced attributes would be lack of or repressed creativity, sexual dysfunction, withheld intimacy, and emotional isolation.	The root (1st chakra) is located at the base of the spine. It provides the foundation on which we build our life representing safety, security, and stability. Imbalanced attributes would be scattered energies, anxiety, and fear.

Milton Keynes UK
Ingram Content Group UK Ltd.
UKHW021033090524
442331UK00006B/82

9 798869 281043

François Lavergne

Apprendre le Vin

FELINES
JOURDAN
MEURSAULT
LE MONT
VOUVRAY
Clos Saint Urbain
VICTOR
PARIS

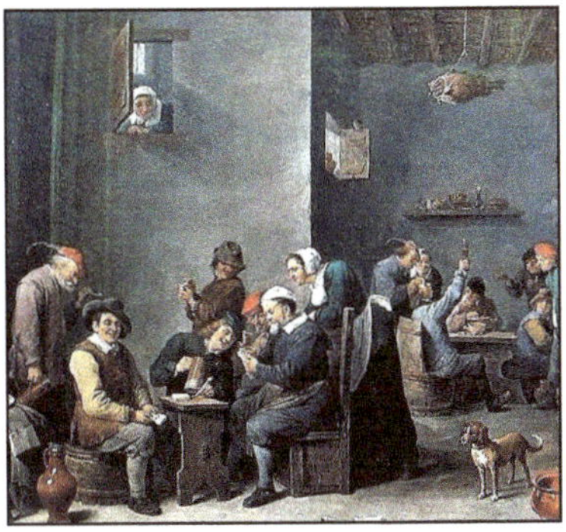

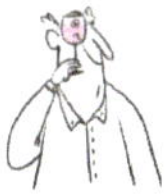

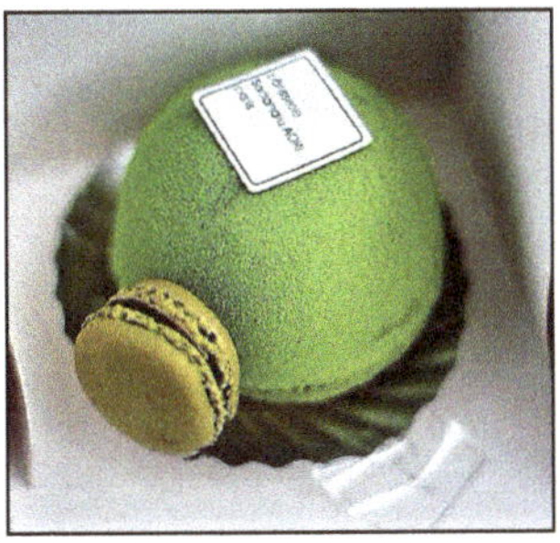

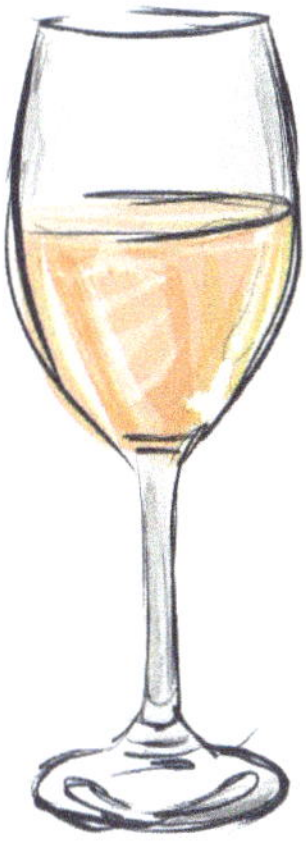

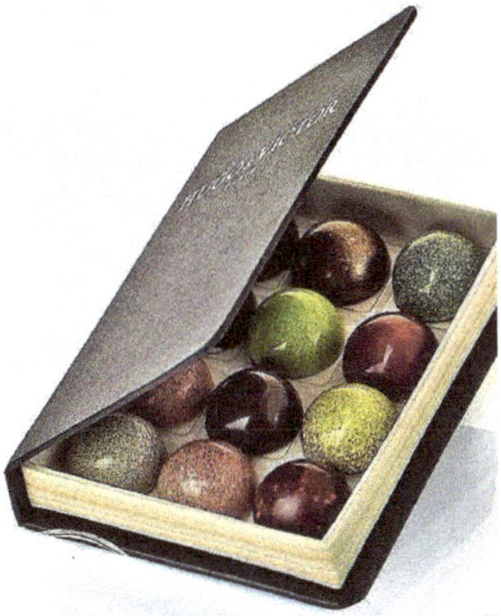

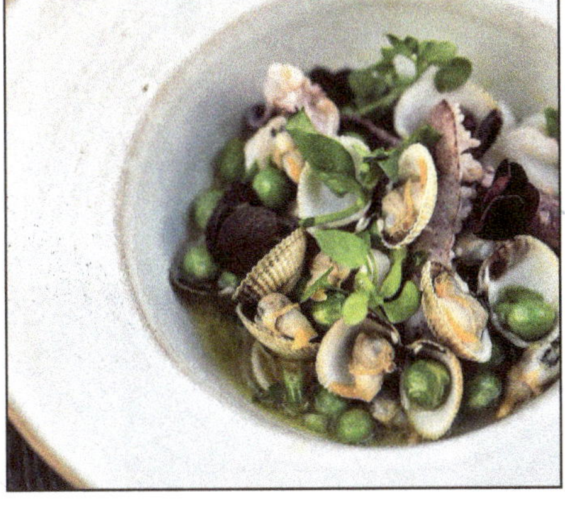

JE CROIS QUE MON ANGE GARDIEN BOIT !?

Je ne boirai plus jamais du fruit de la vigne.

Je le boirai nouveau dans le royaume de Dieu.

SèvBab 7ème.

140 rue du Bac : 27 novembre 1830, apparition de la Vierge.

Goûts infinis

Ceux qui savent s'observer eux-mêmes et qui gardent la mémoire de leurs impressions, ceux-là qui ont su, comme Hoffmann, construire leur baromètre spirituel, ont eu parfois à noter, dans l'observatoire de leur pensée, de belles saisons, d'heureuses journées, de délicieuses minutes. Il est des jours où l'homme s'éveille avec un génie jeune et vigoureux.

Ses paupières à peine déchargées du sommeil qui les scellait, le monde extérieur s'offre à lui avec un relief puissant, une netteté de contours, une richesse de couleurs admirables. Le monde moral ouvre ses vastes perspectives, pleines de clartés nouvelles. L'homme gratifié de cette béatitude, malheureusement rare et passagère, se sent à la fois plus artiste et plus juste, plus noble, pour tout dire en un mot. Mais ce qu'il y a de plus singulier dans cet état exceptionnel de l'esprit et des sens, que je puis sans exagération appeler paradisiaque, si je le compare aux lourdes ténèbres de l'existence commune et journalière, c'est qu'il n'a été créé par aucune cause bien visible et facile à définir.

Est-il le résultat d'une bonne hygiène et d'un régime de sage ? Telle est la première explication qui s'offre à l'esprit ; mais nous sommes obligés de reconnaître que souvent cette merveille, cette espèce de prodige, se produit comme si elle était l'effet d'une puissance supérieure et invisible, extérieure à l'homme, après une période où celui-ci a fait abus de ses facultés physiques. Dirons-nous qu'elle est la récompense de la prière assidue et des ardeurs spirituelles ?

Il est certain qu'une élévation constante du désir, une tension des forces spirituelles vers le ciel, serait le régime le plus propre à créer cette santé morale, si éclatante et si glorieuse ; mais en vertu de quelle loi absurde se manifeste-t-elle parfois après de coupables orgies de l'imagination, après un abus sophistique de la raison, qui est à son usage honnête et raisonnable ce que les tours de dislocation sont à la saine gymnastique ?

C'est pourquoi je préfère considérer cette condition anormale de l'esprit comme une véritable grâce, comme un miroir magique où l'homme est invité à se voir en beau, c'est-à-dire tel qu'il devrait et pourrait être ; une espèce d'excitation angélique, un rappel à l'ordre sous une forme complimenteuse.

De même une certaine école spiritualiste, qui a ses représentants en Angleterre et en Amérique, considère les phénomènes surnaturels, tels que les apparitions de fantômes, les revenants, etc., comme des manifestations de la volonté divine, attentive à réveiller dans l'esprit de l'homme le souvenir des réalités invisibles. D'ailleurs cet état charmant et singulier, où toutes les forces s'équilibrent, où l'imagination, quoique merveilleusement puissante, n'entraîne pas à sa suite le sens moral dans de périlleuses aventures, où une sensibilité exquise n'est plus torturée par des nerfs malades, ces conseillers ordinaires du crime ou du désespoir, cet état merveilleux, dis-je, n'a pas de symptômes avant-coureurs. Il est aussi imprévu que le fantôme.

C'est une espèce de hantise, mais de hantise intermittente, dont nous devrions tirer, si nous étions sages, la certitude d'une existence meilleure et l'espérance d'y atteindre par l'exercice journalier de notre volonté. Cette acuité de la pensée, cet enthousiasme des sens et de l'esprit, ont dû, en tout temps, apparaître à l'homme comme le premier des biens ; c'est pourquoi, ne considérant que la volupté immédiate, il a, sans s'inquiéter de violer les lois de sa constitution, cherché dans la science physique, dans la pharmaceutique, dans les plus grossières liqueurs, dans les parfums les plus subtils, sous tous les climats et dans tous les temps, les moyens de fuir, ne fût-ce que pour quelques heures, son habitacle de fange, et, comme dit l'auteur de Lazare, « d'emporter le paradis d'un seul coup ». Hélas ! les vices de l'homme, si pleins d'horreur qu'on les suppose, contiennent la preuve (quand ce ne serait que leur infinie expansion !) de son goût de l'infini ; seulement, c'est un goût qui se trompe souvent de route. On pourrait prendre dans un sens métaphorique le vulgaire proverbe : Tout chemin mène à Rome, et l'appliquer au monde moral ; tout mène à la récompense ou au châtiment, deux formes de l'éternité. L'esprit humain regorge de passions ; il en a à revendre, pour me servir d'une autre locution triviale ; mais ce malheureux esprit, dont la dépravation naturelle est aussi grande que son aptitude soudaine, quasi paradoxale, à la charité et aux vertus les plus ardues, est fécond en paradoxes qui lui permettent d'employer pour le mal le trop-plein de cette passion débordante. Il ne croit jamais se vendre en bloc. Il oublie, dans son infatuation, qu'il se joue à un plus fin et plus fort que lui, et que l'Esprit du Mal, même quand on ne lui livre qu'un cheveu, ne tarde pas à emporter la tête.

LA BELLE

Biodynamie.

Les gens adeptes de la biodynamie sont en général incapables de l'appliquer à leur propre corps. Les concepts pour les autres sont souvent aussi dangereux que des religions mal maîtrisées. Les docteurs manquent souvent de piété, les agriculteurs de santé. Parlons réel, le cosmos existe, les cornes de vache vont vers le cosmos, les orties, les pissenlits sont naturellement présents dans une nature non contrôlée. L'azote organique part du vivant et les pesticides tuent. Ne buvons pas ce qui est contaminé. Un produit sain est plus expressif dans ses qualités intrinsèques, variété du plant lié au sol et à la météo. Il goûte sa nature. Pensez que le vin est une eau de source avec un goût de raisin. Si la source est polluée, le vivant ne l'est plus. On réagit au visible, des poissons morts, des enfants à cancers. Cela commence par notre invisible au royaume des aveugles. Buvez bien, buvez sain. L'ivresse est un plus si votre félicité.

Vins.

On m'a souvent posé la question du « vin que je préfère ». J'ai plusieurs réponses mais celle qui fonctionne le mieux est « le plus cher s'il m'est offert ». Le vin est très souvent une illusion du goût par des pseudo experts. On a idéalisé un état, l'alcool devenu esprit. Mais les pauvres d'esprit ne seront pas sauvés par le vin. C'est un bonheur artificiel non un paradis. Si le vin est curatif, il convient. Sinon, ne trompez pas votre réalité, soyez sans vin mais humain.

Ce seigneur visible de la nature visible (je parle de l'homme) a donc voulu créer le paradis par la pharmacie, par les boissons fermentées, semblable à un maniaque qui remplacerait des meubles solides et des jardins véritables par des décors peints sur toile et montés sur châssis. C'est dans cette dépravation du sens de l'infini que gît, selon moi, la raison de tous les excès coupables, depuis l'ivresse solitaire et concentrée du littérateur.

Mes servitudes : choses impossibles à retenir

Docteurs en bien boire et bien manger

L'auteur : François Lavergne est propriétaire des champagnes Lavergne. Spécialiste de l'agriculture, de l'œnologie et de la viticulture, il possède un palais extraordinaire et a été élu premier champion du monde et ambassadeur du saké japonais lors de la compétition « The Sake Sommelier of the Year » 2015 organisée par la Sake Sommelier Association à Londres, président du jury et de la Court of Master Sommeliers MS, Gérard Basset, premier français Master of Wine MW. Gérard fut Meilleur sommelier d'Europe et Meilleur sommelier du monde. Son épouse est de la région d'Hiroshima et maître de thé Omotesenke : François était directeur général de l'ouverture de l'école Le Cordon Bleu à Tokyo en 1992.

Il connaît aussi bien le monde culinaire nippon que français et surtout le goût.

Les neuf Grands crus de Gevrey : Chambertin, Chambertin Clos de Bèze, Chapelle-Chambertin, Charmes-Chambertin, Mazoyères-Chambertin, Griotte-Chambertin, Latricières-Chambertin, Mazis-Chambertin, Ruchottes-Chambertin.

Chambolle-Musigny. Musigny, nom du meilleur cru de Chambolle, fut ajouté au nom de la commune en 1878. Cambo, cambola en 1110, cambes, situé dans une courbe. Courbe de la rivière Vouge.

Côte-d'Or. Teinte dorée que prenaient les vignes à l'automne mais surtout orientée vers l'Orient tronqué en Or en 1790 par l'Assemblée constituante.

Bâtard. Le seigneur de Puligny partagea ses terres entre ses enfants : au fils aîné, chevalier, à ses filles, les pucelles, et enfin au bâtard. Montrachet : « mont chauve », mont rachet ou rachaz, le mont pelé. En 1878, la commune de Puligny adjoint à son nom celui de son cru le plus prestigieux devenant Puligny-Montrachet. Montrachet s'associe à Chassagne en 1879 par décret.

Quand on a vu tant d'esprit, de finesse, de gaîté, de philosophie chez un gourmand de profession, on regrette de ne pas avoir reçu de la nature les facultés nécessaires pour sentir et apprécier les plaisirs de la table ; – on s'estime affligé d'une infirmité et de la privation d'un sens ; – on se met au rang – sinon des sourds et des aveugles, au moins de ceux qui ont l'oreille dure et la vue basse, et on envisage l'orgueil qu'on a manifesté de ne pas être gourmand, comme on envisage la sotte vanité des gens qui sont fiers d'avoir des lunettes d'or, et qui toisent avec dédain ceux qui n'ont pas de lunettes.

Optimum climatique médiéval.

L'optimum climatique médiéval, parfois appelé réchauffement climatique de l'an mil ou embellie de l'an mil, est une période de climat inhabituellement chaud localisé sur les régions de l'Atlantique nord et ayant duré du Xème siècle jusqu'au XIVème siècle approximativement. Durant l'optimum climatique, la culture de la vigne s'étend au nord de l'Europe jusqu'au sud de la Grande-Bretagne, où on la trouve encore aujourd'hui. Les dates de vendanges qui font l'objet d'une réglementation pointilleuse livrent des données précises permettant d'analyser sur une durée de plusieurs siècles les tendances climatiques : les années chaudes, elles sont précoces (en août ou au début du mois de septembre) ; les années fraîches, elles sont tardives (à la fin du mois de septembre ou en octobre). Déjà à Rome la date des vendanges n'est pas laissée au libre arbitre du vigneron et repose sur une délibération publique. L'apogée de la République romaine et le début de l'Empire (-250/150) ont bénéficié d'un climat stable et chaud, l'optimum climatique romain.

Flaubert : quatre aloyaux, six fricassées de poulets, du veau à la casserole, trois gigots, et, au milieu, un joli cochon de lait rôti flanqué de quatre andouilles à l'oseille.

La transmigration pythagoricienne pourrait faire espérer une amélioration bouddhique des âmes et de leurs pensées.

Je parle de vin parce qu'il permet de détruire ces murs construits sur le mensonge. Il faut sauver, la crise, la crise sanitaire, la croissance, l'emploi, la morale, les enfants, l'industrie. Bande de fous. Regardez les chiens, heureux, fidèles, loyaux, fiers de leurs maîtres qu'ils guident. Les canards, se jettent dans la mare, les fleurs sont belles par elles-mêmes. Notre éducation nous impose chaque génération, chaque pays. Allez-vous faire tuer, pour dieu, la nation, la patrie.

La Boétie. De la servitude volontaire, 1576 : « si l'on voit non pas cent, non pas mille hommes, mais cent pays, mille villes, un million d'hommes ne pas assaillir celui qui les traite tous comme autant de serfs et d'esclaves, comment qualifierons-nous cela ? Est-ce lâcheté ? »

Je dînais ce soir aux côtés d'une dame de quatre-vingt-treize ans. Elle habite au-dessus du restaurant. Elle était déjà là à midi. Même cérémonial, son mari est à l'hôpital mais va mieux. Elle a pris comme à midi un verre de porto, un verre de vin blanc, une assiette de chèvre chaud sans salade et une crème brûlée. Je mangeais moi de mon côté des côtes d'agneau gratin dauphinois. Pas données mais très bonnes. La salle était comble d'étrangers, et une table de treize français pas méchants. Les sociétés payent. On a parlé un peu de Camus à Montmartre qui a écrit l'Étranger dans sa sombre chambre d'hôtel du 16 rue Ravignan, son premier roman publié en 1942 prix Nobel 1957. Même période que Zweig. *Zweig s'étant donné la mort le 22 février 1942, il ne paru en Allemagne qu'en 1957. Je lis donc Zweig ce matin.

« Mais c'est l'âne de Balaam ! » Alors le Seigneur ouvrit la bouche de l'ânesse qui dit à Balaam : « que t'ai-je fait pour que tu me frappes par trois fois ? » Notre cerveau semble s'émerveiller et contredire l'autre, le privant d'obligations sans le savoir. Nous devons reconquérir notre liberté, inconscient prend ta revanche, tu seras payé mille fois par ton insouciance. Aie le cœur pur, et tout ira dans le meilleur des mondes. Tu dormiras mieux, comme l'enfant que tu étais. Vise tes rêves. Ne te soucie pas du reste. Fait ce qui est nécessaire, sans plus, sans crainte, sans passion.

Soit juste avec toi-même : existe.

Salinité ou minéralité, le sodium étant un minéral.

Terroir pauvre et acide, peu de sol, pas d'azote, très peu d'ions minéraux et un goût de salinité dans les vins.

Dans des situations de fermentation plus difficiles, la levure essaie de chercher de l'azote dans son répertoire, et faisant cela, elle fabrique beaucoup d'acide succinique détecté par le récepteur de l'umami. Cela donne des vins en rondeur sur sols acides, expression moins minérale mais aussi plus salée. Le saké est succinique plus rond et umamiesque que le vin. Tout est donc une question de définition et d'appréciation.

Êtes vous plutôt dit le chien, démocrate ou tyran ? Posez la question à l'histoire de nos républiques. Faire le mal sous l'hospice du bon engendre le mal. C'est le seul moyen d'évaluer la cause. Principe de chirurgie. On vous soigne mais vous en mourrez. Méfiez-vous des gens qui sauvent le monde à votre place. Voler le bien d'autrui est péché et le temps est notre bien. Le dire et le faire en résistance.

Mentir est l'inverse du courage de bien faire. Pourquoi courage ? Parce que physiquement cela impose un don, le don de soi. Il faut combattre le mal pour faire le bien.

Mais si la problématique initiale est fausse c'est l'inverse qui se produit. Il faut élire des dieux pas des hommes.

Beaujolais. 10 crus du Beaujolais. Aimer jamais c'est mourir un fois, c'est aimer un riche, c'est une bague. A pour Saint-Amour, J pour Juliénas, le s ne se prononce pas, C pour Chénas, le s ne se prononce pas non plus, M pour Moulin-à-Vent, F pour Fleurie, C pour Chiroubles, M pour Morgon, R pour Régnié (Durette), C pour Côte-de-Brouilly et enfin B pour Brouilly.

Poire Belle-Hélène. Créée par Escoffier en 1864.

Ne pas être convivial, c'est de ne pas accepter d'être nu avec son masque et son tuba. On sera donc jugé, et on va mourir. Autant être soi-même. Profonde vibration intérieure de nos rêves d'enfants.

On ne dit pas Monte Rachet ou Monte Louis. Tout dépend dans quel sens on le prend.

Les mistelles, de l'italien misto « mélangé », sont des apéritifs obtenus par le mélange de jus de fruits non fermentés (raisins ou autres fruits) et d'alcool. Ce n'est pas un vin stricto sensu car 100 % de son alcool provient du mutage : pineau, floc, bouquet de fleurs en gascon, ratafia, pax rata fiat, la paix est faite, carthagène ou macvin, de l'ancien français maquer, écraser ou marc-vin.

Il s'appelait Pineau : en 1589, ce vigneron charentais verse par erreur du moût de raisin dans une barrique qui contenait encore du Cognac. Le Pineau est né.

Piquepoul ou picpoul : on ne parle pas de voleurs. Clairette, roussanne, bourboulenc, picardan, picpoul pour Châteauneuf. Picpoul noir pour le minervois. Piquepoul pour gros plant ou folle blanche en Novempopulanie.

Vin jaune de riz chinois. Vin de Shaoxing, province chinoise dans laquelle il est élaboré. Shaoxing jiu / huang jiu. 酒 : le caractère prononcé à la mode chinoise donne shu en japonais, à la mode japonaise saké.

On connaît déjà la problématique de la montagne entre san et yama pour le mont Fuji (3 776 mètres d'altitude).

Après avoir quitté Ur en compagnie d'Abraham, Loth son neveu arrive sur les bords du Jourdain.

Riches en troupeaux, ils se séparent à la suite d'une querelle entre leurs bergers : Abraham reste dans le pays de Canaan et Loth descend vers Sodome. Loth est fait alors prisonnier par Kedorlaomer roi d'Élam. Abraham bat ce dernier et ramène Loth à Sodome à la frontière du territoire des Cananéens. Lorsque Abraham revint à Jérusalem, le roi de Sodome sortit à sa rencontre dans la vallée de Shavé à l'entrée de la ville et Melchisédech, roi de justice et de Salem (Jérusalem) lui fit apporter du pain et du vin. Beaucoup de vin, trente litres au moins.

Probus. L'édit de l'empereur romain Domitien en 92 interdit la plantation de nouvelles vignes hors d'Italie ; il fit arracher partiellement les vignes afin d'éviter la concurrence. Probus annula cet édit en 280.

Chablis : 20 communes produisent l'appellation village générique Chablis. 17 communes produisent du petit chablis, vignobles les plus éloignés du Serein. Note : 14 communes pour le sancerre. Premiers crus de Chablis : 11 communes et 40 climats dont 17 principaux. Les plus connus : Montée de Tonnerre, Fourchaume, Vaillons. Grands crus de Chablis : 7 grands crus Blanchot, Bougros, Les Clos, Grenouilles, Preuses, Valmur, Vaudésir. Vaste parcelle rive droite du Serein aux 7 lieux-dits sur Chablis, Fyé et Poinchy. La Moutonne (2,35 ha) monopole de Long-Depaquit est considéré comme le huitième Grand Crus.

Grands crus d'Alsace : 51 (deux produisent aussi du rouge en pinot, noir). Le Kirchberg de Barr et le Hengst à Wintzenheim. Vivement que l'Alsace se mette au français comme la Lorraine, et tout le monde.

Ouvrir une bouteille : la coiffe fait partie intégrante de l'habillage. On laisse 1,2 mm sous la Marianne.

Arômes : le bulbe olfactif collecte l'information de l'épithélium olfactif. Ce bulbe est une structure dans le cerveau située au-dessus de la cavité nasale. On trouve à sa périphérie une couche constituée de nombreuses « bulles » : chacune est un glomérule. Chaque glomérule est connecté à une cellule dite mitrale en forme de mitre, le chapeau des papes. Ces cellules collectent l'information de chaque glomérule et la transportent vers l'étape suivante, le cortex olfactif primaire (COP) carrefour des émotions et de la mémoire qui stimule deux zones l'amygdale et l'hippocampe : le COP contient le piriforme au rôle de mémoire associative, images, idées, odeurs. La partie antérieure représente la structure moléculaire des odorants mais non leur qualité en tant que telle, la partie postérieure représente leur qualité plutôt que leur structure. Du COP, le message nerveux est adressé à l'amygdale, l'émotion, la réaction, pour la mémoire à l'hippocampe puis vers le cortex orbitofrontal secondaire de décision et d'expression qui relie les sensations conscientes aux fonctions de jugement et de langage.

L'amygdale traite des émotions, agréables ou désagréables, l'hippocampe est l'encodage de la mémoire et le rappel des souvenirs.

Bouchons à vis. Screw cap in English. Le vin anaérobie n'est plus organique mais meurt apportant des goûts de réduit quasi oxydatifs (English oxidative).

Ouverture d'une bouteille de champagne.
Toujours à 45 degrés dirigée vers un point sans risque ou meilleur ennemi. Certains disent qu'il faut tourner la bouteille, d'autres le bouchon. Les deux pour mettre tout le monde d'accord et maîtriser son geste. Il part, on rit, il frappe le plafond. De ce vin frais l'écume pétillante, de nos Français l'image brillante (Voltaire 1736).

Bulles.
Point de bulles dans la bouteille de champagne mais du gaz dissout. Les bulles se forment dans le verre par aspérités de ce dernier. Un verre lisse ne créerait pas de bulles. Inutile de mettre une cuillère dans la bouteille pour garder les bulles au frais. Le combat de Ping et Pong. Essayez d'arrêter du gaz avec une petite cuillère, vous verrez.

Défertilisation et désertifications.
Les pratiques agricoles sont nées dans le croissant fertile. Hérodote disait de l'Égypte qu'elle était un don du Nil. Le croissant fertile est devenu un désert. Aujourd'hui, l'ensemble de la région compte 95% de terres arides. L'irrigation et le chaulage ont été les grands principes de cette révolution agricole.

Chaulage : action d'amender une terre agricole avec un amendement minéral basique calcique (exemple du carbonate de calcium source de calcium naturel) afin de remédier à son excès d'acidité. Sous l'effet du climat et de certaines pratiques culturales, les sols subissent une acidification : une trop grande acidité du sol réduit la libération et la disponibilité des nutriments, la croissance de la plante et l'activité biologique du sol.

Résultat connu de la pratique : le béton à la romaine et il suffit de comprendre ces secrets de fabrication pour obtenir des matériaux d'une telle durabilité.

Plus de sol vivant = désert + irrigation = désert bétonné. A concreted desert.

Il faut prier pour que la nature soit plus intelligente que l'homme.

Chardonnay. J'aime la version de la porte de Dieu, Sha'ar Adonaï rapportée des croisés ; également village de Bourgogne, 35 km environ au sud de Chalon-sur-Saône.

Protéodie.
Le fa est umami en protéodie. La protéodie est une déclinaison des mots "protéine" et "mélodie". C'est une théorie à tendance charlatanique ou non qui postule qu'à chaque protéine, à chaque groupe d'acides aminées sont associées certaines ondes dont les fréquences peuvent être transcrites en note de musique : le classique bœuf de Kobe. Wagyu – wa pour Japon, gyu pour bœuf, englobe toutes les races originaires du Japon) ; les Quatre Saisons ou Mozart comme exemple dans la cave, les fermes, et le champ.

Jules Guyot. « Culture de la vigne et vinification », Paris 1860 : « un bon vin est bon pour l'usage qu'on veut et qu'on peut en faire.

Protéines salivaires qui lissent notre bouche : les tannins enrobent les protéines et les éliminent, virus compris. L'astringence apparaît, on salive, pour recréer de la douceur, la crème peut être une introduction, fromages ou autres. Du fromage sur les blancs ? Oui, secs ou durs.

L'amylase est une enzyme protéique. L'alpha-amylase est une saccharidase. Elle participe à la dégradation de l'amidon pour donner le maltose (deux molécules de glucose), voir saké (alpha-amylases et glucoamylases, pour la transformation finale du maltose en glucose dans le processus multi-parallèle de fermentation et de saccharification). L'amylase de la salive donne un goût sucré au riz qui comporte de l'amidon au pouvoir sucrant initialement faible. Le lancement du processus de fermentation se faisait en mâchant le riz. L'acidité de notre bouche joue aussi dans nos perceptions.

N'oublions pas enfin que le liquide passe dans un environnement à 37°C.

Vin jaune : l'ouillage est l'acte qui consiste à régulièrement remplir le tonneau du vin qui entre-temps s'est évaporé. Sans ouillage, le vin s'évapore. Après 75 mois d'élevage sous tonneau, le vin a perdu. Sur 100 litres de vin au départ, il restera après cet élevage de 6 ans et 3 mois, 75 mois, précisément 62 litres. Sur 1 litre il reste donc 62cl. C'est ainsi qu'est née cette bouteille très spécifique, le clavelin.

Vins blancs. Le vin blanc n'est pas blanc. De la peau, pellicule de la baie au bois du fût, s'ajoutent les tannins qui brunissent comme les feuilles en automne ou les bananes mûres, tuilant les rouges. Roof tile in English. Les vins dits oranges sont des blancs macérés, les rosés des rouges macérés (rosés de saignée en Champagne).

La mise en bouteille au château ? Edmond de Rothschild à 22 ans en 1924.

Dom Mabillon et Dom Ruinart, les Dominus de Saint-Germain-des-Prés. Abrégé de la vie de Dom Jean Mabillon, 1709, de Thierry Ruinart. Une cuvée Philipponnat s'appelle 1522 mais ce n'était pas alors de la champagnisation.

1867 : le dîner des trois empereurs a lieu au Café Anglais à Paris le 07 juin à l'initiative de Guillaume II, et réunit le tsar Alexandre II, le futur Alexandre III et Bismarck. Préparé par le chef Adolphe Dugléré, le repas est constitué de seize plats servis pendant huit heures. Il est demandé au sommelier de les accompagner des meilleurs vins du monde. Madère retour des Indes 1810, xérès 1821, Yquem 1847, Chambertin 1846, Châteaux Margaux et Latour 1847, Lafite 1848, Champagne Louis Roederer.

La Maison Roederer accueillera chaque année après à Reims le maître de chai du tsar participant à l'assemblage de la cuvée de la cour impériale. En 1876, Cristal est créé. Le tsar est victime de nombreux attentats, il veut une bouteille de champagne transparente pour vérifier qu'aucun poison n'y soit versé et un fond plat pour éviter de dissimuler un explosif dans le cul de la bouteille. À noter que la bouteille est féminine, écriture inclusive. L'omelette norvégienne et le « Baked Alaska » de la même année : à l'occasion de l'exposition universelle de Paris, Balzac, le chef du Grand Hôtel, décide de créer un dessert « scientifique ». Il s'inspire des découvertes sur la conductivité de la chaleur et des publications de Benjamin Thompson, physicien américain émigré en Bavière avant de se marier avec la veuve de Lavoisier à Paris.

En 1804, Thompson décrit le pouvoir isolant du blanc d'œuf battu. Balzac met au point sa recette situant par erreur la Bavière en Norvège et la baptise : « omelette norvégienne ». 1867 est aussi l'achat de l'Alaska par les États-Unis pour sept millions de dollars et la création la même année de cette recette à New York.

Rossini.
Sur un bateau il voit le poulet truffé qui allait lui être servi passer par-dessus bord. Sa plus grande tristesse après le décès de sa mère.

Lactobacillus.
Les lactobacilles sont essentiels à toute santé pure, pour le saké, nos intestins et notre système immunitaire. Combattre autrement : la paix bactériologique.

Brett. Brettanomyces. Moisi, réduit.

Origines. Les macarons amaretti de Catherine de Médicis, son chou à la crème, la soupe à l'oignon florentine carabaccia toscana favorite de da Vinci, la fourchette, l'assiette. Les sœurs Tatin à Lamotte-Beuvron, le Saint-Honoré de la rue, Chiboust et sa crème, le févoulet arabe d'agneau qui devint cassoulet, les sarrasins, la pêche Melba d'Escoffier à Londres au Savoy, la crêpe Suzette. Les French fries des Sammies en 1918 sur le front et l'offensive d'Ypres-Lys en Belgique, les « French toasts » avant. Faire français est plus vendeur, être français moins. Béarnaise : Henri IV, base vin blanc estragon échalotes.

Liberté.
Article premier : « les hommes naissent et demeurent libres et égaux en droits. 1789. » 1793 article trois : « tous les hommes sont égaux par la nature et devant la loi. »

Flaconnages. On ajoute 3 litres à chaque fois.
Jéroboam, double Magnum (2 x 1,5 l) = 3 litres, puis 6, 9, 12, 15 et 18. Sauf le Réhoboam, Roboam fils de Salomon, lui 6 bouteilles : taille des vainqueurs en Formule 1 qui n'est plus du champagne. Salmanazar V, 9 litres déportation de -722. 125 ans après, nouvel exil à Babylone par Nabuchodonosor II, 15 litres. La plus grande : pour rappel, Melchisédech, roi de Salem, fit apporter du pain et du vin à Abraham, 30 litres, 40 bouteilles : qui élève le monde d'en bas à la hauteur de celui d'en haut. On oublie que le centre spirituel de la Mecque est construit par les mains, elles, propres d'Abraham et de son fils premier Ismaël. Dieu entend, la maison et la source.

Fillette. On appelait fillette la demi-bouteille (Anjou) ou 35 cl. Plus grivois, licencieux pénalement avéré. C'est encore le cas à Lyon, 22 cl, 25 cl ou 29 cl, le pot lyonnais lui est de 46 cl. Au XVIe siècle, il se nomme déjà le « pot » et contient 2,08 litres, réduits au siècle suivant à la moitié.

En 1843, il est ramené à 46 cl (une ½ pinte ou chopine de l'allemand schoppen), en dépit du système métrique institué à la Révolution. Cette mesure déclenche la grogne du peuple qui veut continuer « à boire à sa soif et à l'ancien prix », le fond épais qui lui assure sa stabilité sert alors à compenser les 4 cl qui lui manquent pour arriver à 50 cl. Ce fond lui vaut le surnom de « gros cul ». Une des coutumes des bouchons lyonnais était de compter les pots en mètre linéaire consommé, soit 14 pots. On ne se tape plus de fillettes à table, sauf à Lyon, capitale des gaules.

Mathusalem. 6 litres.
Mourut à l'âge de 969 ans de vieillesse qui donne l'expression, grand-père de Noé sauvant le monde*. Fils d'Hénoch lui qui avec Élie et Mahomet sont seuls partis au ciel sur un cheval ailé ou de feu.

*Le Mont Ararat s'élève sur le haut-plateau arménien et est le point culminant de la Turquie avec une hauteur de 5137 mètres. Selon les trois religions divines (judaïsme, christianisme et islam), l'arche de Noé est un vaisseau fabriqué par Noé pour protéger sa famille, ses animaux et tous les êtres vivants du grand déluge, après la croissance du mal des gens.

75 cl. Une palette de vin : 600 bouteilles. Une ½ palette 300 bouteilles. Barrique de 225 litres soit 50 gallons que l'on divise par 0,75 = 300 bouteilles. Donc 75 cl.

Saké 72 cl. Masu (ichigô), cube en bois de hinoki (cyprès japonais). Mesure initiale de riz qui donne 18 cl de saké. Multiplier par quatre donne un 72 proche du vin. Le saké n'est pas un alcool fort mais le produit de la fermentation du riz. L'eau du Japon est un élément essentiel de sa saveur. Se déguste comme un vin mais également chaud.

Accompagne tous les bons mets par sa richesse subtile en éléments fondamentaux du goût, umami. Alpha-amylases : clés de la transformation du maltose en glucose synonyme de « vin », fermentation du riz et non du raisin. Le Japon est un grand pays où chaque région a ses climats et typicités.

Grand dictionnaire de cuisine 1873. Alexandre Dumas. Vin : partie intellectuelle du repas. Les viandes n'en sont que la partie matérielle. Bien manger et bien boire sont deux arts qui ne s'apprennent pas du jour au lendemain. Alexandre le Grand créa le titre de « docteur en bien boire et bien manger », premier du nom, à vous d'être sa suite.

Opimien. « L'année du consulat d'Opimius fut unique pour les admirables vins qui se conservèrent plus d'un siècle et prirent la consistance du miel. De là l'habitude que l'on prit d'appeler tous les vins excellents du nom de vins opimiens. Pendant le consulat d'Opimius, 121 av. J.-C., l'été fut tellement chaud que les raisins furent pour ainsi dire cuits, ce qui les rendit d'une bonté extraordinaire. »

1397 en Champagne. Venceslas, roi de Bohême et des Romains, étant venu en France pour négocier un traité avec Charles VI, se rendit à Reims au mois de mai 1397. Là il goûta le vin des environs de cette ville et il le trouva si bon, qu'il consacra trois heures chaque jour à s'enivrer, de trois à six. Le moment de s'occuper du traité vint enfin, et c'est ce que redoutait Venceslas. Le traité signé, le roi de Bohême demanda à séjourner encore quelque temps dans la ville qui lui avait été si hospitalière ; il y resta un an. Il était resté un an à attendre le traité, un an à le discuter, et un an à se reposer de la fatigue que lui avait causée ce travail diplomatique. En s'en allant il révéla au dauphin le secret de ce long séjour ; le dauphin voulut goûter le vin des environs de Reims et le trouva excellent. De là le commencement de la réputation des vins de Champagne.

Vins de Bordeaux.

Un jour le roi Louis XV, voyant venir à lui le maréchal de Richelieu, se souvint de cette discussion et résolut de le prendre pour juge d'une question dans laquelle il était expert. « Monsieur le gouverneur de Septimanie et de Novempopulanie, disait un jour le roi Louis XV au maréchal, parlez-moi d'une chose : est-ce qu'on récolte du vin potable en Bordelais ? » – Sire, il y a des crus de ce pays-là dont le vin n'est pas mauvais. Mais jusque-là nul amphitryon n'eût eu l'idée de donner du vin de Bordeaux à ses convives, à moins que ceux-ci ne fussent des Bourdelais, des Armagnacots, des Astaracois (sud d'Auch) et autres Gascons.

Lafite. En 1787, Thomas Jefferson, futur et troisième président des États-Unis en 1801 après John Adams (son fils fut 6ème président) mentionne le « Lafitte » comme l'un des quatre premiers crus de Bordeaux, avec Haut-Brion, Margaux et Latour (La Tour de Ségur). En 1868, il est acquis par James de Rothschild, banquier établi à Paris et passionné de vin, fondateur de la branche française des Rothschild. Cet achat intervient quinze ans après l'acquisition de Brane-Mouton par son neveu Nathaniel d'Angleterre en 1853.

Mont-Aimé. Lieu des 183 cathares, hommes et femmes, brûlés un vendredi 13 de 1239. Le tsar Alexandre 1er y parada en septembre 1815 : plus de cent cinquante mille hommes avant ses banquets et beaucoup de bouteilles de champagne à Vertus. Une porte mémorisait ce moment. Repeinte. C'est également le lieu, hasard, des champs catalauniques où Aetius arrêta Attila en 451.

Montrachet : il est reconnu que le vin de Montrachet est le meilleur de tous les vins français pour que des lèvres vulgaires touchent ce nectar destiné aux dieux.

Vins de Champagne. Depuis 1665 qu'ils soient rouges ou blancs, qu'ils proviennent de la rivière, de la montagne, ou d'autres zones, les vins produits en Champagne sont définitivement connus en tant que vins de Champagne.

Les Anglais sont alors bien présents au Portugal depuis 1661 et récupèrent par l'occasion Tanger* jusqu'en 1684, Bombay et le bouchon. Les quantités mises en bouteille par l'abbaye d'Hautvillers étaient alors minimes : 500 broquelets commandés à un tourneur d'Épernay en 1694-95 : chevilles de bois recouvertes de chanvre et de suif, graisse animale fondue. Le broquelet restant la plupart du temps collé au goulot de la bouteille, il était nécessaire de casser celui-ci pour ouvrir la bouteille. C'est pour cette raison que l'on sabrait les bouteilles. C'est vers cette époque que pour ces rares mises en bouteille, destinées à des cadeaux et non à un véritable commerce, lequel est encore interdit, on commence à utiliser le liège qui ne deviendra exclusif que quelques décennies plus tard lorsque la réglementation aura changé, que la vente de vins en bouteilles sera autorisée et que la Champagne élaborera elle-même du vin mousseux.

Arrêt du Conseil d'État du roi qui autorise le transport et le commerce des vins de Champagne (25 mai 1728) : ces nouvelles dispositions sont capitales pour le commerce extérieur des vins de Champagne qui, seuls parmi les vins de France, peuvent désormais être envoyés en bouteilles en Angleterre, en Hollande et dans le reste du monde, qu'ils soient tranquilles ou effervescents.

*Donnant le thé à la menthe. Note : prolongement de Whitehall du traité de Londres anglo-portugais de 1373.

Subériculture. Exploitation du chêne-liège Quercus suber. Quercus Tuber. Chêne truffier.

« Mon amour, mon amour, mon amour, ma chérie, ma chérie, mon vin sirupeux, ma douceur de miel, ma bouche melliflue. »

La Tâche. La Tâche est un monopole du Domaine de la Romanée-Conti (DRC) depuis 1933. La Tâche fut replantée après le phylloxéra avec des greffons pris sur la Romanée-Conti pré-phylloxérique. Le nom proviendrait de l'ancienne expression bourguignonne : « faire une tâche ; travailler à la tâche » en échange d'une rémunération forfaitaire.

C'en fut assez pour qu'il parût délicieux aux courtisans ; et l'on but pendant le règne de ce monarque du vin de suren. Il existe encore dans le vendômois un clos de vigne qu'on appelle Clos de Henri IV. Louis XIII n'ayant pas pour le suren la même prédilection que le roi son père, ce vin passa de mode et perdit sa renommée.

Dugléré : praticien distingué que j'ai plus d'une fois consulté comme oracle gastronomique. Alexandre Dumas.

Revenons à nos moutons. De la farce de Maître (Pierre) Pathelin, Triboulet, bouffon de René d'Anjou. La belle littérature est éternelle et demeure française ; donc universelle.

Chambolle : cambo, cambola en 1110, cambe, situé dans une courbe. Courbe de la rivière Vouge de source à Vougeot, et du latin Musinius, propriétaire terrien gallo-romain.

Côte-d'Or. Teinte dorée que prenaient les vignes à l'automne mais surtout orientée vers l'Orient tronqué en Or. 1790, Assemblée constituante.

Vosne-Romanée. Romanée exprime la proximité de la parcelle à une ancienne voie romaine qui existe toujours. La nationale forcément. Conti pour le prince qui en fit l'acquisition pour peu de temps en 1760 révolution obligea, crée en 1232 par les moines de l'abbaye de Cîteaux. Vosne viendrait initialement du celtique widu qui devint wood. De widwā, bois, forêt. En 630 puis en 658 sous Clotaire III jeune garçon de six ans futur roi des Francs de Neustrie (dont le centre est devenu Paris) et des Burgondes et sainte Bathilde reine mère et régente, le lieu est nommé « Vaona ». Nuits des Nuitons associés aux Burgondes par leurs invasions puis Vosnes ; enfin Vosne.

Montagne de Reims. Le Sinaï de la Montagne de Reims est 1999 mètres plus bas que l'égyptien soit 286 mètres.

Pet-de-nonne. Une religieuse avait transmis sa recette de beignet à un couvent voisin et ennemi. Ce geste aurait ainsi contribué à assurer la paix. D'où son nom de « paix-de-nonne ». Beignet soufflé et sucré de pâte à choux frite.

Vallée de la Bekaa. Lieu mémorable : Anjar à la frontière syrienne, première mosquée omeyyade sur une ancienne colonie romaine et construite sur ses thermes.

Pasteur : « le goût et les qualités du vin dépendent certainement par une grande part de la nature spéciale des levures qui se développent pendant la fermentation de la vendange ».

la qualité d'un vin est l'ensemble de ses qualités, c'est-à-dire de ses propriétés qui le rendent acceptable ou désirable. La notion de terroir permet d'honorer l'individualité, manifestation singulière issue de la convergence d'un cépage particulier, cultivé sur un sol donné, dans un climat approprié sur un lieu-dit.

Le terme terroir possède une double origine :
- du mot latin vulgaire « terratorium », dérivation du latin classique territorium, territoire puis terroir ; il correspondait à une zone conquise par l'armée romaine bien bornée et clairement délimitée.
- produit du terroir utilisé au Moyen Âge pour qualifier un produit agricole, naturel, original, inféodé à un lieu précis et difficile à trouver ailleurs.

Calcaire. On confond généralement minéralité avec acidités des vins sur sols calcaires, fraîcheur, verticalité, tension.

Sol. La texture du sol ne tient pas compte du calcaire et de la matière organique. Les particules sont classées en fonction de leur diamètre. Blocs, galets et graviers (diamètres > 2 mm) sont classés à part.
Sables : supérieur à 50 µm.
Limons : de 50 µm à 2 µm. Silts.
Argiles : inférieur à 2 µm. Retient l'eau.

E621 : MSG glutamate monosodique, kombu (E620 : acide glutamique.) E631 : inosinate disodique animal, bonite, katsuobushi. E627 : guanylate disodique, végétal, shiitake, champignons séchés. Les nucléotides sont des molécules organiques qui constituent l'élément de base d'un acide nucléique tel que l'ADN ou l'ARN. L'additif alimentaire 5'-ribonucléotide disodique (E635) est composé de deux exhausteurs de goût : l'inosinate disodique (E631) et le guanylate disodique (E627). Ce mélange est largement utilisé par l'industrie alimentaire pour augmenter l'intensité de la perception olfactogustative (goût et arômes) d'une denrée alimentaire. Il agit en synergie avec le glutamate monosodique MSG (E621). Un mélange composé de 98 % de glutamate monosodique et de 2 % de 5'-ribonucléotide disodique a une intensité quatre fois supérieure à celle du glutamate monosodique utilisé seul. Effet kokumi.

L'acide succinique active le récepteur du sel, donc d'umami sodique, le vin est tartrique (0,75 x succinique), goût d'aspégic que l'on retrouve dans le MSG dilué dans de l'eau. Osmazôme de Brillat-Savarin, partie sapide des aliments. Satisfaction, santé et bonheur, sérotonine. Le saké est succinique. En japonais, koku exprime une épaisseur, kokumi des nucléotides.

pH.
Roche ne faisant pas effervescence à l'acide donnent des vins alcalins, basiques en pH, volcaniques, granitiques, schistes, sables. Effervescence à l'acide, craie, calcaire donnent des vins aux acides variés. Citrus de la craie en Champagne crayeuse. Vertus pour son absolu. Une roche est considérée comme acide ou basique en fonction aussi de la quantité de silice qu'elle contient. Beaucoup de silice, roches acides, granite, grès sandstone, quartz, crystal, silex flint, moins de 50% de silice silica : roche basique. Dioxyde de silicium (SiO_2). Rugosité des granites, poudre fine de craie, effets inverses.

Pouilly.
Deux régions viticoles : le pouilly fumé est originaire de la commune de Pouilly-sur-Loire, le pouilly fuissé nous vient de Bourgogne. Deux cépages distincts : l'une et l'autre des appellations sont élaborées en mono-cépage : le pouilly fumé sauvignon, le pouilly fuissé chardonnay. Au début du XXème siècle, le cépage sauvignon B dénommé localement « blanc fumé », car à maturité les grains de raisin se couvrent d'une pruine grise, devient rapidement le principal cépage au sein du vignoble.

En 1923, un jugement consacre l'usage du nom de pouilly-fumé pour les vins issus du cépage sauvignon B et du nom de « Pouilly-sur-Loire » pour les vins issus du cépage chasselas B.

Rabelais.
In vino veritas est de Pline l'Ancien.

Guinguet.
Le guinguet du Moyen-Âge, vin aigrelet, jeune et légèrement pétillant comme en Île-de-France transformé par magie de la bulle en éloquences champenoises.

Romanée-Conti. « Romanée » exprime la proximité de la parcelle à une ancienne voie romaine. Conti pour le prince qui en fit l'acquisition pour peu de temps en 1760, crée en 1232 par les moines de l'abbaye de Cîteaux. Saint Vivant, saint catholique donnant son nom à l'abbaye clunisienne de Vergy propriétaire des vignes.

Cîteaux (fromage).
De prime abord, on pourrait le confondre avec un reblochon. Sa couleur tire davantage vers le jaune-orange, son diamètre est légèrement supérieur et, ici, les seules montagnes à l'horizon sont les coteaux de la Côte de Nuits. Le lait provient de la plaine bourguignonne et est utilisé thermisé. Le fromage de l'abbaye de Cîteaux est un authentique fromage monastique : il est l'un des rares à être encore fabriqué et affiné dans l'enceinte même de l'abbaye par les moines, avec le lait de leur propre troupeau.

Tannins.
Point clé de la dégustation. Système de défense des plantes qui se combinent avec les protéines et les éliminent.

Polyphénols souvent colorés (anthocyanes rouges, bleus violets sur sols acides, roses en sols neutres ou alcalins, flavonoïdes jaunes, couleurs des fleurs et fruits et beautés du monde) stockés dans les vacuoles des plantes.

40% de la biosphère, biodiversité (bïosphere, bïodiversity ou bïodïversity in English). Ils brunissent par oxydation avec une fonction cicatricielle, à la cuisson également, bananes, pommes, tarte tatin : vieillissement comme les feuilles en automne donnant leurs couleurs successives aux vins avec le temps du plus jaune pour les blancs devenant ambrés et les rouges tuilés comme nos toits. Lors de la dégustation, les tannins emprisonnent les protéines salivaires en se combinant à elles, rendant la bouche râpeuse et rugueuse. Les protéines emprisonnées sont éliminées et non digérées, origine du nom pisse au lit (pissenlit). L'astringence en bouche sera compensée par de nouvelles protéines, exemple de fromages, beurres, crèmes, ou encore du lait dans le thé. Des protéines virales ou capsides entourant l'acide nucléique coupable pourraient être ainsi décemment contenues. Vaccin venant de vache, régime obligatoire en cas de pandémies futures : vins tanniques et crémeux de vaches. Vive munsters, époisses, bries, cancoillottes, saints féliciens, marcellins, fondues, raclettes, tartiflettes, aligots, truffades et reblochons. Les calories sont le yang de ce yin. Describing how obviously opposite or contrary forces may actually be complementary. Vient du gaulois tan, chêne. Les tanneurs utilisent ce procédé. Le tan est une poudre utilisée pour la transformation des peaux et des cuirs. Elle est fabriquée en réduisant l'écorce de chêne en poudre.

Irriguer c'est défertiliser, et désertifier. Les sols s'acidifient. L'homme a trouvé la solution depuis le croissant fertile et 5000 ans, il ajoute des composés calciques, principe du béton romain. Pour produire plus de bouchons au sud Portugal on fait de même : on irrigue et on bétonne. Mais ils s'y connaissent en béton.

Envie. Avoir envie et être en vie. Pas de traduction correcte anglaises ? Alive & aware au plus proche Jean-Claude.

Jules Guyot écrit : si on parle de politique à votre table, changez de vin, changez d'amis. On ne parle de politique, on ne parle pas de vin, on le boit.

On sait qui était Jéroboam : le premier roi d'Israël. Mais c'est surtout la taille idéale d'une bouteille de vin pour un déjeuner à quatre quand deux ne boivent pas.

Magnum: The perfect size for two gentlemen over lunch, especially if one of them is not drinking.

Les hectares de la Romanée Conti. Richebourg et Grands-Échezeaux 3,5 ; Échezeaux 4,6 ; Romanée-Saint-Vivant 5,2 ; La Tâche 6 ; Romanée-Conti 1,8 ; Montrachet 0,67.

Neurotransmitter ; Stimulant ; Excïtment (excitement), excitation.

La Grande Rue : ce grand cru se vendait jusqu'en 1992 sous le nom de Romanée Grande Rue. Aujourd'hui, il couvre 1,65 ha exposé plein est, au soleil levant entre 250 et 310 m d'altitude. Son sol identique à La Tâche est constitué de calcaires bruns peu épais en partie haute et plus profonds en partie basse (rendzines). L'âge moyen des vignes est de 30 ans. Les vendanges sont manuelles avec égrappage de 80 à 100 % selon les années. L'élevage en fûts de chêne dure entre 16 et 20 mois. La mise en bouteilles se fait sans collage ni filtration. La Grande Rue est la propriété monopole du domaine François Lamarche. C'est Henri Lamarche né en 1903 qui hérita de Grande Rue en 1933. Il fallut attendre 1992 pour que l'INAO en fasse un grand cru.

Grands Crus blancs de Bourgogne : 14.
Chablis : décliné en 7 climats plus Moutonne assimilée.
Corton-Charlemagne.

Corton.

Chassagne, Puligny 5 : Bâtard-Montrachet, Bienvenues-Bâtard-Montrachet, Criots-Bâtard-Montrachet, Chevalier-Montrachet, Montrachet.

Semer. On n'a ce qu'on sème : ceux qui s'aiment.
Construire. Avant de construire les autres, il faut se reconstruire soi-même.

Détermination.
On souffre de faire de ce que l'on n'aime pas faire. On compense et on souffre encore plus après. Ne faire que ce que l'on aime n'est pas possible, mais cela doit être majoritaire pour notre balance mentale, sociale et physique.

Domestication.
La domestication microbienne a été beaucoup moins étudiée que la domestication végétale ou animale, bien que les micro-organismes aient été utilisés pour la fabrication d'aliments et aient développé de nouveaux caractères dans le cadre de la sélection dirigée par l'homme. De nombreux champignons ont été domestiqués pour la fermentation et la maturation des aliments (par exemple pour la bière, le pain, le vin, les salaisons ou le fromage). La fermentation repose sur les capacités métaboliques des micro-organismes à transformer un substrat en un produit présentant un mélange de métabolites responsables d'aspects, de textures, de saveurs et de caractéristiques particuliers. Les produits fermentés qui en résultent ont souvent une forte valeur sociale, territoriale, économique et culturelle. Les champignons du fromage sont dispersés dans l'arbre généalogique des champignons. Les penicilliums : saint-nectaire, quinze espèces identifiées, penicillium camemberti sur camemberts et bries, penicillium roqueforti pour les bleus de brebis forcément. Prenez le temps de manger ce qui prend du temps ou vous arriverez vite au cimetière.

Hommage à mon ami Jacques Genin. Deux ans exactement après les décisions de cette pandémie*, on s'enlace devant tout le monde au salon du saké et spirits of Japan, émotion d'un ami, frères de pensées. « JE TRAVAILLE UNE MATIÈRE DE RÊVE : LE CHOCOLAT. LE SUCRE, AUSSI, AUX MILLE ET UNE MÉTAMORPHOSES. ILS SONT MA SÈVE, MA TENDRESSE ULTIME. »

Découvertes. Domestiquer la découverte a été le principe même de nos territoires conquis. Le savoir a une source, l'humain une origine et un lendemain. Le vin porte par nos songes vers des douceurs enfouies. Je déteste le vin en société, la cuisse du micro-parcellaire, aubépines et bouquets. C'est l'âme du monde qui nous est donnée par la plante, des sourires, des joies intériorisés. Savoir goûter.

Communiquer.
Perdre. Manon des sources 1986 - Scène finale.
« Quelle lettre ? Une lettre de qui ? Florette. Vivant mais bossu. Je vais prier pour toi. »
« Je savais pas que c'était lui. »

Pierre Gagnaire. De la succession à l'échec, puis le succès. Du Clos fleuri du père en 77 à l'empire gagné. Légende toujours vivante. Souvenir de l'ouverture de Paris, la blanquette de veau au bar à seize francs. Cela fait penser à l'équation suivante, trop haut, trop beau, puis le vide et le grand. Aboutissement.

Il est une vieille légende à propos d'un saint qui devait choisir un des sept péchés capitaux. Il choisit celui qui lui parut le moins grave, l'ivrognerie, et avec celui-là il commit les six autres péchés.

Officiers du gobelet.

Le Gobelet du roy est l'un des sept offices constituant la Maison-bouche du roi. Le Gobelet était le premier des sept offices. Il avait en charge le linge, le pain, le vin et le fruit qu'on devait servir au roi. L'une des fonctions principales de l'échanson était de présenter le gobelet au roi.

13 août 1799.
Bonaparte dort seul dans la pyramide de Kheops, la grande pyramide de Gizeh. Sur son lit de mort l'empereur consentit enfin à confier son secret. Se redressant au prix d'efforts douloureux, il se mit à parler mais s'interrompit presque immédiatement. « Oh, à quoi bon », murmura-t-il en se rallongeant, « vous ne me croiriez pas. » Nous on y croit. Étoiles.

Origines.
Pommard, pomarium, verger. Volnay, Volianus dieu gaulois assimilé à Vulcain. Puligny sous la forme latinisée Pulyniacus en 1094 par une charte de Cluny, vraisemblablement nom de personne.

La Bretagne était exemptée de taxe sur le sel, la gabelle des gabelous, tax-exempt, tax-free, en tant que région productrice. Alors on met du sel partout. Le luxe des pauvres.

Richesses parisiennes, musée Picasso. Pierre Aubert seigneur de Fontenay commande la construction d'une fastueuse demeure. L'hôtel est édifié entre 1656 et 1659. Aubert étant chargé de percevoir la gabelle (impôt sur le sel), l'hôtel sera surnommé « hôtel Salé » pour se gausser du nouveau riche.

Sarrasins.
Nomades arabes vivant sous des tentes. Arabes bédouins. Sar(r)aceni. Saracens. La galette fait son apparition en Bretagne au début de la culture du sarrasin rapporté d'Orient. Le sarrasin malgré son appellation de blé noir n'est pas une céréale.

République.

La République romaine est la phase de la civilisation de la Rome antique qui commence en 509 av. J.-C., à la chute de la royauté dont le dernier représentant, Tarquin le Superbe, un Étrusque, septième et dernier roi de Rome est chassé du pouvoir par l'aristocratie patricienne qui profite de l'affaiblissement de l'Étrurie. La République romaine prend fin entre 44 av. J.-C., avec l'assassinat de Jules César et 27 av. J.-C. lorsque Octave reçoit le titre d'Auguste, Augustus, premier empereur romain.

Paris, 16 juillet 1789.
Mon très cher père,
Aux armes ! ai-je dit, aux armes ! Prenons tous des cocardes vertes, couleur de l'espérance. » Je pris un ruban vert et je l'attachai à mon chapeau le premier.
Votre fils,
Camille (Desmoulins).

Truffade. Spécialité auvergnate préparée avec de la tomme fraîche du Cantal voire du cantal jeune, de l'ail frotté et des pommes de terre en rondelles. La meilleure : restaurant de la gare à Laroquebrou, inégalée dans la mémoire.

Montmartre, rue Lepic. « Haut les têtes ! La mitraille c'est pas de la merde ! » Le colonel et futur général Louis Lepic à Eylau le 8 février 1807.

Napa. Indiens Wappo, « terre d'abondance » devenu désert viticole par irrigation. Agriculture « bio » logique depuis le croissant fertile. Principe du chaulage. On bétonne la planète. Wappo Indians: the land of plenty is empty. Apocope au féminin. Bio est vie : on oublie trop souvent l'étymologie.

Suzette à Monaco.

Escoffier exerçait au Café de Paris de l'hôtel du même nom dirigé par César Ritz. Il servit au futur Edouard VII lors d'un repas avec Suzanne Reichenberg de la Comédie-Française des crêpes avec de la liqueur d'orange. Escoffier voulu dédier sa création au prince de Galles. Celui-ci répondit « pas du tout, je n'en suis pas digne. Nous donnerons à cette chose merveilleuse le nom de cette jeune personne qui est avec moi ». Escoffier et Ritz iront ensuite au Savoy avant l'ouverture du Ritz à Paris en 1898 puis Londres en 1906.

Vin bleu ? Blanc macéré avec des peaux de raisins noirs. Cette macération donnerait un schtroumpf vin, supposé qu'aucun colorant n'ait été ingénument ajouté, auquel cas cela serait un produit à base de vin et non du vin. Les couleurs des fruits et des fleurs proviennent des anthocyanes tannins du grec anthos fleur et kyanos bleu, bleu cyan. Techniquement pas impossible : les hortensias bleus sur terrains acides, roses lorsque le sol n'est pas assez acide ou lorsque l'eau d'arrosage contient une dose élevée de calcaire, la teinte violette des vins jeunes issus de terroirs acides, granitiques, volcaniques ou autres. Bleu dans rouge fait bien violet, bleu dans blanc resterait bleu. Cyanidine du marc ou moût de raisin E163a, ou delphinidine des hortensias E163b. Les sols acides donnent des vins basiques d'où la couleur bleue dans leurs anthocyanes.

Amérique.
Le florentin Amerigo Vespucci qui avait travaillé à préparer les voyages de Colomb écrit que les terres en question ne peuvent être un territoire d'Asie et qu'il s'agit bien d'un nouveau monde, Mundus Novus, publié en 1503. Planisphère de Waldseemüller première carte en 1507. Tribu des Amerrisques, pays du vent en maya, montagnes du Nicaragua. Vespucci prénommé Alberico aurait ainsi choisi de modifier son prénom dans ce sens.

Colombie.
En l'honneur de Christophe Colomb (1863).

Paris avant. Championne du monde de consommation de vin : 328 bouteilles par an et par habitant. Heureusement les touristes !

Mïcrobïota(s) / mïcrobïome. The soil is the key microbiome, its microbiota.

Inspiration. Action d'inspirer.
Souffle créateur. Spiritus.

Pneuma, souffle, air, respiration, aspiration, inspiration, exhalaison. Le souffle de dieu, kamikaze, de l'âme qui perdure.

Noûs, la vie supérieure, le tout, la complétude, l'ensemble, le milieu, le centre, l'achevé, shelam, l'éternel, nishlam araméen, accompli, payé dans son intégralité, alpha et oméga. Ago le chemin, agomen, let's go, árkhô notre destin, et règne ; ce que nous sommes et demeurerons, l'amour par la pensée semée. S'aimer ne suffit pas. Il faut partager, semer et cultiver, pensée et jardin.

Bosra. Buçrâ. Capitale de la province romaine d'Arabie du royaume nabatéen depuis 106 sous Trajan, étape de l'ancienne route caravanière de La Mecque. Théâtre antique de Bosra presque deux fois plus grand que celui d'Orange. 2600 km à pied de La Mecque aller et retour. 120 km au sud de Damas. Avec le Nazaréen et oncle paternel Abû Tâlib, père de son futur gendre et neveu Ali : « Nasârâ Bahîra lui demanda la permission de regarder entre ses épaules. Après avoir vu le grain de beauté entre les deux épaules, Bahîra le prêtre nazaréen murmura : c'est lui ! »

Derniers moulins de Montmartre.
Le Blute-Fin et le Radet formaient avec les jardins et la ferme, l'ensemble du Moulin de la Galette avec son bal populaire. On peut voir les deux moulins au 77 de la rue Lepic et au 83 celui grâce auquel on obtenait de la farine de seigle pour faire des galettes que l'on dégustait avec un verre de lait ou de vin. Peintures de Renoir 1876, Van Gogh en 1886 pour ne citer qu'eux. Nouvelles impressions du devenir. Maison de Theo au 54 rue Lepic troisième étage.

1898. Pour le réveillon de Noël, une bande de copains attend en haut de la rue Lepic l'arrivée des frères Renault qui réussissent le pari d'arriver en voiturette. Ils vendent le même soir les douze premières voitures de France.

Abracadabra. De l'araméen « evra kedebra » : je créerai d'après mes paroles.

Avis. Tout le monde note et commente. La perception de l'intelligence de celui qui produit est généralement inversement proportionnelle à sa pertinence par les sommets de l'orthographe maldisant des médisants des cours d'école. Le problème est qu'ils ne sont plus pendus. On en pâtit Samuel.

Hannibaal. Qui a les faveurs de Baal.

Krug. La forme du goulot peut affiner les bulles. Le renard et la cigogne : « en un vase à long col, et d'étroite embouchure. »

Français. « Est Français tout individu né en France. » article 8-4 du code civil, loi du 26 juin 1889 sur la nationalité. Vive les truffes, la patrie reconnaissante.

Jules Guyot. Le véritable amateur, le gourmet sait très bien regarder et odorer le vin, mais il sait aussi que ces deux temps doivent être immédiatement suivis de l'introduction du liquide dans l'avant bouche. La couleur et l'odeur sont deux notes introductives d'un thème gastronomique.

Génépi. La liqueur de génépi est obtenue à partir de la famille la plus connue des plantes aromatiques du massif alpin les génépis appartenant à la famille des armoises. Très bon en macarons.

Occitanie et Rhône.
Le Gard, Montfaucon, Nîmes en Occitanie, est-ce bien raisonnable ? Les Romains conquièrent le sud de la Gaule en 121 av. J.-C. et créent Nîmes en 120 av. J.-C. à l'emplacement de l'oppidum et capitale des Volques Arécomiques, nem, enclos sacré, temple donnant Nemausus.

La vingt-huitième année depuis la soumission de l'Égypte et la mort d'Antoine et de Cléopâtre à Alexandrie qui marqua la fin de la domination des Ptolémées [30 av. J.-C.], notre Sauveur et Seigneur Jésus-Christ naquit.

Ô prune divine des sens qui embellissent les vies.
Songes d'été étaient pour lui plus qu'une raison.
Nous n'étions point en pays gascon mais aux causses.
Où César passa, Jules vint et vainquit, sans tire-bouchon.

Reliques. Saint Louis négocie deux ans avant de verser une somme faramineuse : 135.000 livres tournois. La moitié du budget royal. Si c'était le budget de la France actuelle cela ferait 440 Md€, fortunes d'Elon Musk et d'Arnault notre bon Samaritain étouffe-chrétien réunies. Cela les vaut bien.

La Samaritaine lui dit : « comment ! Toi, un Juif, tu me demandes à boire, à moi, une Samaritaine ? » – En effet, les Juifs ne fréquentent pas les Samaritains.

L'homme a besoin de croire à tort ou à raison. C'est pour cette raison que cet ouvrage semble plus gnostique. Notre santé reflète nos pratiques. La santé est psychique, sociale et physique reprenant le triptyque trinitaire, psyché ou pensée, souffle sociétal et enveloppe matérielle. Le troisième devient conséquence des deux premiers. La pollution de la pensée se traduit par une pourriture de nos axes de vie, de nos cellules, de nos actes, de notre cerveau broyé. Il faut que notre corps soit une armure, notre esprit une lance, nos comportements une bienveillance ainsi protégée par un principe théorique d'amour. Il faut sourire mais pas trop. Le chien ou l'animal mort qui l'agresse. On est coupable de se faire attaquer. In nomine Patris d'où nous venons, et Filii ce que nous sommes, et Spiritus Sancti, ce que nous pensons et donnons, clef de nos actions. Par le souffle.

Himmler n'est pas le bien, il rassure des élites. Notre cerveau veut être rassuré, parce que depuis nos premières scolarisations il souffre du bâton. Les morveux à lunettes nous les tapions dans la cour. Ils se vengeront un jour. Ils l'ont fait.

Quinquina Quina quina signifie écorce. La chloroquine et l'hydroxychloroquine sont des descendantes du quinquina. Apéritifs : Byrrh, Cap Corse, Dubonnet, Lillet, Saint Raphaël, Ambassadeur, Raoult. Trump est mort.

Noilly Prat. Vermouth français, apéritif à base de vin blanc, picpoul de Pinet, clairette, et d'un mélange de camomille, coriandre, centaurée, écorces d'oranges amères, noix de muscade, etc. Joseph Noilly et Claude Prat.

Vermouth. Le vermouth n'est pas un spiritueux mais un vin aromatisé.

Saké : l'acide succinique active les récepteurs du sel et de l'umami.Les éléments riches en umami sont ainsi déjà « salés » par corrélation. Le saké est plus riche en succinique et glutamate que le vin.

On est né allaité disait Robert.

Engeance* de l'abandon : du plat manquant. Vous êtes attablé au restaurant, la carte du jour est avenante. Dans votre tête vous construisez l'équilibre du dîner avec un jeu subtil de passerelles entre les acides, les légers, les umamis, les consistants, croquants et autres mesures. Vous dénichez dans la carte des vins un flacon qui saura cheminer dans ces entrelacs, se glisser telle une souris verte. L'harmonie radieuse. Tout s'effondre alors : « veuillez nous excuser mais il n'y a plus de Saint-Jacques coulis de langoustines sauce yuzu… Les bateaux de pêche n'ont pas pu sortir cette nuit et le yuzu a été bloqué en douane. » C'est un classique du restaurant, loterie hasardeuse à l'image de notre société un brin menteuse et oublieuse. *Engeance. Engier, pulluler, propager de catégories jugées méprisables ou indésirables.

Hybrides. Résultat d'un croisement. Le nom d'hybride fait référence à une famille de cépages issus du croisement entre les vignes européennes (vitis vinifera) et les vignes américaines (vitis labrusca ou vitis riparia). N'ayant finalement pas été retenus pour régler la crise du phylloxera (parasite de la vigne qui a éradiqué une grande partie du vignoble européen à partir de 1863 ; pour des raisons qualitatives, on a privilégié la technique du greffage), on en cultive dans certains coins de la planète, pour leur résistance au froid par exemple.

Métis.
Fruits du croisement de variétés appartenant à la même espèce, en l'occurrence vitis vinifera. Exemples : caladoc et marselan. Le premier créé en 1958 issu du croisement du grenache avec le cot (plus connu sous le nom de malbec). Le second, de plus en plus considéré en Languedoc, est le résultat d'un croisement entre le grenache et le cabernet-sauvignon mis au point en 1961.

La fraise de Monsieur Frézier.
1714, Amédée François Frézier est de retour à Marseille avec dans ses bagages des pieds de Fragaria chiloensis. De cette plante, la blanche du Chili, seuls cinq plants femelles survivent à la traversée. Transportés à Paris, ces plants n'ont pu fructifier qu'en présence du fraisier de Virginie (Fragaria virginiana), une variété à petits fruits rouges ramenée du Québec un siècle plus tôt par Jacques Cartier. En 1740, le botaniste Antoine Nicolas Duchesne observe qu'en l'absence de plant mâle, ces plants se sont hybridés fortuitement avec le fraisier de Virginie. Ce croisement spontané est à l'origine d'un nouvel hybride qui associe la saveur de Fragaria virginiana et la grosseur du fruit de Fragaria chiloensis. De ce croisement naturel naîtra une nouvelle espèce à l'origine de toutes les espèces modernes baptisée Fragaria ananassa Duchesne en raison de sa saveur rappelant celle de l'ananas et du nom de son inventeur. Le fraisier des bois est alors progressivement abandonné au profit de Fragaria ananassa qui sera cultivée de manière intensive sur la presqu'île de Plougastel à partir de 1760. De cette union, consacrée en terre européenne, entre deux plantes d'origine américaine, naquit par pur hasard une nouvelle espèce qui très rapidement fournira l'essentiel de la production mondiale de fraises. Garden strawberry. Frézier est par coïncidence une déformation du mot fraise, par l'un de ses ancêtres Julius de Berry qui avait servi un plat de fraises au roi Charles III le Simple à la fin d'un banquet à

Anvers en 916 ; le roi le remercia en l'anoblissant et lui donnant le nom de Fraise, qui se déforma en Frazer après émigration de la famille en Angleterre, puis en Frézier après son retour en Savoie.

Vermentino. Souvenirs de Corse. Coup dur pour les producteurs français de cépage vermentino, qui se voient privés de la mention de ce cépage sur leurs étiquettes et doivent se contenter de son rolle.

Distributions variétales.
Kyoho noir table 365 000 hectares, cabernet sauvignon cuve 341 000, sultana ou sultanina blanc table, séchage (raisins secs) et cuve 273 000 (seuls 5 325 hectares de vignes au total pour la production de vin), merlot cuve 266 000, tempranillo cuve 231 000, airén blanc cuve 218 000, cépage blanc le plus planté au monde pour la production de vins, chardonnay cuve 210 000, syrah cuve 190 000, grenache cuve 163 000, sauvignon blanc cuve 123 000, pinot noir cuve 112 000, ugni blanc cuve 111 000.

Sultana. Cépage blanc originaire de la région de la Méditerranée orientale. Environ 130 synonymes dans de nombreuses langues témoignent de l'ancienneté et de la répartition mondiale de la vigne. Le deuxième nom principal est sultanina utilisé dans de nombreux pays.

Rue des Prouvaires. Cette voie était habitée par les prêtres de l'église Saint-Eustache* au Moyen Âge. Prouvaire signifie prêtre en vieux français. *Jean Alais bourgeois de Paris l'aurait fait bâtir en remerciement du droit que le roi Philippe Auguste (Philippe II 1165-1223 est dit « Auguste » en référence aux empereurs romains. Roi à l'âge de 15 ans en 1180, il le restera durant 43 ans) lui avait octroyé de prélever un denier sur chaque panier de poisson qui arrivait aux Halles.

Nicolas : **gérants mandataires non-salariés.***
*Décret-loi du 3 juillet 1944 signé par Pierre Laval.

Ananas.
Nana en tupi-guarani. Naná naná : parfum des parfums de l'ethnie Tupi, des Tupis qui tournent en rond. En langue tupi : cajou, jaguar, pétunia, piranha, sagouin, tapir, tatou, toucan.

Récepteurs. Couleurs : 3. Le rouge, le vert, le bleu.

C'est la notion de terroir qui fonde le concept des appellations d'origine. Il s'agit d'une zone géographique particulière, où une production tire son originalité directement des spécificités de son aire de production. Au cours de l'histoire de cet espace délimité, un savoir-faire collectif de production s'est construit. C'est de ce savoir-faire que découlent l'originalité et la typicité des produits.

Les halles centrales de Paris ont une longue histoire qui débute au XIIe siècle, avec la création par Louis VI en 1137 année de sa mort d'un marché en plein air au lieu-dit des Champeaux (Petits-Champs) sur d'anciens marécages situés hors les murs et suivi de l'édification de halles en bois sous Philippe Auguste et le développement de la ville au-delà de la ceinture marécageuse. À l'initiative de l'abbesse Gabrielle-Charlotte de Beauvau-Craon, le marché Beauvau-Saint-Antoine est inauguré le 5 avril 1781 et prend son nom de marché d'Aligre dès 1867 en hommage à la fondatrice de l'hospice des Enfants-Trouvés, épouse du chancelier Étienne II d'Aligre. En 1808, Napoléon Ier entreprend la réorganisation des marchés parisiens de détail et en 1811 ordonne la construction de quatre nouveaux marchés couverts : deux sur la rive gauche, les Carmes et Saint-Germain, et deux sur la rive droite, Saint-Martin et Saint-Jean (Blancs-Manteaux).

Prendre du plaisir. La société est agressive. Faut-il faire allégeance ou fausse allégeance. L'école nous apprend à accepter l'injuste mais nous fait croire à la liberté. La fausseté de ces éducations nous oblige à accepter, payer ou mourir. Enfer et damnation, purger. Il nous faudrait déclarer alors que nous faisons tout par amour et que l'amour est une raison et non une erreur humaine. La bêtise est une conséquence des niveaux supposés que nous devrions atteindre. La bêtise est juste notre niveau réel que nous devrions appeler intelligence. La tromperie vient du fait que nous donnons des noms à des faits, actes, systèmes, sentiments, perceptions et pensées qui ne sont pas les noms définis. Réduction, minéralité, démocratie, peuple, république, laïcité, fraternité. Latin republica, de res, chose, et publicus, publique : les sanitaires.

Immon. Premier comte de Quercy : 767.
867, à la mort de Godefroy, le titre de comte de Quercy disparaît de la famille, et laisse place au titre de vicomte de Turenne. Jusqu'en 1738, les vicomtes de Turenne tenus à un simple hommage d'honneur envers le roi, exempts d'impôts à son égard, agissent en véritables souverains : ils réunissent des États généraux, lèvent les impôts, battent monnaie, anoblissent. La vicomté forme un État dans l'État.

Saint-Denis. L'église abbatiale a été nommée basilique dès l'époque mérovingienne. Elle s'élève sur l'emplacement d'un cimetière gallo-romain lieu de sépulture de saint Denis martyrisé vers 250. Denis Dionysius était évêque de Lutèce, envoyé avec six autres religieux pour évangéliser les Gaules, décapité sur la colline de Montmartre, Mont des Martyrs : prononcer marter(s) in English. Mons Martyrum du grec martus, « celui qui a vu ». Une fois décapité, Denis se relève, prend sa tête sous le bras et s'en va en marchant vers le nord. Il marche un peu plus de six kilomètres puis s'arrête à l'endroit même où il avait choisi d'être inhumé.

Le fait de marcher en portant sa propre tête s'appelle la céphalophorie. Denis, premier saint céphalophore ?

266 papes.
Pierre, Lin, Anaclet, 16 français, 14 papes Clément, 9 papes en Avignon dont trois corréziens : Clément VI, Innocent VI et Grégoire XI et deux Clément V et VI. Merci François.

Rue des Ciseaux, Paris. Ce nom lui vient de l'hôtel des Ciseaux à l'enseigne des Ciseaux d'Or, numéros 4 et 6, et a été ouverte en 1429. Un procès-verbal de 1636 la nomme rue des Fossés-Saint-Germain. Depuis on l'a toujours désignée sous le nom de rue des Ciseaux. Une décision ministérielle du 15 vendémiaire an IX, 07 octobre 1800, signée Lucien Bonaparte, a fixé la largeur de cette voie publique à 7 mètres. On y trouve le plus ancien sushi de Paris, Tsukiji orthographié Tsukizi.

Romanitas idéale (une). Romanité constituant un modèle, à l'aune, à la mesure des transformations des sociétés récipiendaires qui la reçoive. Un esprit de romanité est plus proche de la réalité tout au moins dans sa tentative de mœurs et coutumes.

Laïcité. Volonté d'intégrer dans un schéma étriqué. Être un bon Français. Code d'honneur ou d'administration, justesse des attitudes et des actes. Le bien contre le moins. Manger du gigot aux haricots le dimanche, du poisson le vendredi, à la cantine.

Polyvidone iodée diluée : elle évite le développement des nodules de carcinose sur le péritoine pariétal alors qu'un lavage par du sérum salé seul est inefficace. Alors sauvés par l'iode ?

Le lavage abdominal à la polyvidone iodée est un traitement prophylactique efficace de l'implantation et du développement tumoral. J'aime les oursins.

Cristaux de « sel » du fromage. Cristaux de lactate de calcium et cristaux de tyrosine. Pendant le processus de vieillissement, des bactéries cassent le lactose en acide lactique. Acide lactique + calcium = lactate de calcium qui peut se cristalliser. Les cristaux de tyrosine proviennent eux de la décomposition des protéines du fromage au cours du processus de vieillissement et de la libération d'un acide aminé, la tyrosine. Les cristaux de tyrosine sont fermes et d'un blanc éclatant et ne se trouvent qu'à l'intérieur du fromage. Les cristaux de lactate de calcium ou sel de calcium* peuvent être trouvés à l'intérieur du fromage mais surtout sur la surface extérieure. Ils sont plus tendres, pâles, moins croquants, moins salés et amers, plus discrets en goût que le chlorure de calcium. *Sels minéraux au goût salé autres que le chlorure de sodium NaCl.

Eau.
2,2 milliards de bouteilles d'Évian sont consommées chaque année dans le monde ; Volvic 1,2 milliard ; Perrier 1,1 milliard ; 2 milliards de bouteilles pour les marques Vittel, Contrex et Hépar. Chiffres à revoir.

Agriculture. 90 milliards de litres d'eau par jour pour l'usage agricole en Californie. Au niveau mondial, les prélèvements d'eau destinés à l'irrigation représentent 70% du total des prélèvements, en Californie** 80% devenue un désert irrigué qui se bétonne avec forages obligatoires.

**Eldorado et paradis récent. Les plus anciens ossements humains en Californie sont vieux de 10 000 à 13 000 ans comme ceux du Japon pour leurs homologues aux haplogroupes proches ou communs.

Citations profondes.
I only have wine on two occasions: When I'm thirsty and when I'm not.
Ce soir je propose quelque chose de laïque, une tartiflette.
Nous avons de plus de en plus de pingouins dans nos rues, le réchauffement planétaire fait fondre l'intelligence aussi.

Dimensions.
Par définition nous pouvons disposer du temps, décréter que le temps est amour et que toute autre expression est une perte. Le temps s'arrête lorsque que nous changeons d'espace.

6h00 du mat' on allait manger à la Tour de Montlhéry - Chez Denise, le serveur qu'on appelait Papillon – car il portait toujours un nœud pap' en vison – nous servait l'andouillette en disant : voici la chose ! »

Marcel Bouché. DES VERS DE TERRE ET DES HOMMES. Vers de terre : 70% de la zoomasse* de notre planète. *Masse de tous les animaux.

Kaolin : argile blanche issue de la décomposition du granit utilisée pour la filtration (clarifiant) et la porcelaine.

SOULAC-SUR-MER.
Au Ier siècle, après la mort de la Vierge, sainte Véronique, Vera icon* image vraie, saint Amadour – Zachée, le publicain, en araméen Zakkaï le Juste - quittèrent la Judée, vinrent à Rome où ils rencontrèrent saint Martial. Tous les trois se rendirent en Saintonge, traversèrent la Gironde et abordèrent à Soulac. Véronique y éleva un oratoire oratorium petite chapelle à la Vierge, tandis que Martial en construisait un autre consacré à saint Pierre sur une dune qui émergeait des marais de la Gironde. Véronique resta à

Soulac jusqu'à sa mort où elle fut inhumée. Saint Martial se retira en Limousin tandis qu'Amadour remonta la Dordogne jusqu'à sa mort à Rocamadour.

Martial.
Martial vécut au temps de Jésus et le suivit avec sa famille dès sa plus tendre enfance. Il reçut le baptême dans les eaux du Jourdain. Jésus prit pour exemple le petit Martial en prononçant ces paroles : « quiconque se rendra humble comme ce petit enfant sera le plus grand dans le royaume des cieux (Matthieu 18.3). Martial est le petit garçon qui apporta pains et poissons lors de la multiplication des pains dans le désert : « un de ses disciples, André, le frère de Simon et futur Pierre, lui dit : il y a là un jeune garçon qui a cinq pains d'orge et deux poissons, mais qu'est-ce que cela pour tant de monde ! » Jean 6.8.

*Pendant le chemin de croix, elle tend un voile pour essuyer le visage du Christ qui s'y grave, la vraie image.

Comment dominer le monde ? Enfermer les populations puis les piquer.

Astringence. La muqueuse est constituée de cellules épithéliales recouvertes de protéines salivaires constituant la pellicule mucosale. Des tannins ajoutés interagissent avec ces protéines salivaires pour former des agrégats. Ce phénomène entraîne une augmentation des forces de friction à la surface de la muqueuse orale qui conduit à la sensation de sécheresse et de rugosité caractéristique de l'astringence.

Accords vins blancs.
D'une grande évidence, les blancs minéraux frais s'accordent mieux à l'iode et à la mer.

Pensez à la vivacité mais avec une structure ferme. Salin et minéral sera la solution pour votre vin. Vin du Frioul, Trieste, Carso DOC cépage vitovska pour exemple. De la fraîcheur, de l'authenticité : tous les cépages proches de mer. Testez toujours l'exotisme pour mieux vous comprendre.

Histoire du Marché Saint-Germain.
L'affaire remonte au XVème siècle quand Louis XI accorde aux abbés de Saint-Germain le droit d'établir une foire saisonnière et un marché permanent sur leurs dépendances. S'ouvre alors une période faste où la foire devient un lieu de rendez-vous de tous les commerçants, forains et artistes. Elle prend fin brutalement la nuit du 16 au 17 mars 1762 quand un incendie dévaste les lieux. Il ressuscite grâce à un décret impérial de 1811.

Parfois on se laisse aller.
Parfois on se laisse aller à la mort parce que l'on pense que l'on n'est plus aimé.

1894.
« Aux approches de Nazareth et de la mer de Tibériade, le fantôme ineffable du Christ deux ou trois fois s'est montré, errant, presque insaisissable, sur le tapis infini des lins roses et des pâles marguerites jaunes - et je l'ai laissé fuir, entre mes mots trop lourds. Nous entrevoyons bien les lugubres avenirs, les âges noirs qui vont commencer après la mort des grands rêves célestes, les démocraties tyranniques et effroyables, où les désolés ne sauront même plus ce qu'était la prière. » Pierre Loti. La Galilée.

115 rue Saint-Honoré.
Plus ancienne pharmacie de Paris et début du bouchon en France dans les officines : 1712, avant le champagne puis le vin.

Comment sortir de sa culture.
Il n'existe pas de culture française en tant que telle : la France est un territoire. Si vous arrivez sur ce territoire vous conservez votre culture et vous la transmettez à vos enfants. Par contre, vous pouvez aimer ce territoire qui vous accueille, banlieues ou pas banlieue : votre pays. La culture française est une somme des transpirations de ceux qui y sont venus, des cuisines, musiques, arts et pensées ; vivre et partager, c'est être son sang, son sol commun. Les lois sont censées encadrer ce droit de vivre. Dans communauté vous avez un devoir commun que vous pouvez modérer, modifier, améliorer, ou non, principes de démocratie et des choses publiques qui élève la positivité du bien au bon sens humain. Toute autre tentative prive de ce propre bien, savoir, liberté, justice par déséquilibre des lois, obligations et contraintes.

Chèvrerie, lieu où on loge les chèvres. Assemblée nationale.

Apogée.
Le vin s'offre dans toute sa plénitude et correspond à un certain stade de perfection dans l'ordre de son devenir.

Causalités. Une force invisible aléatoire crée-t-elle la surprise ? La causalité dépend d'un début et d'une échéance. Tout ce qui est supérieur à notre intelligence peut être appelé Dieu. Tout peut être dans l'absolu quantifié. Mais le calculateur ultime n'est pas créé.

Il est par nature au-dessus. Il est création des causalités. Nous pouvons intervenir et dévier la nature et nos vies.

Talus-Saint-Prix. Nés de l'ancienne tourbière de Talus, les étangs participent à l'attractivité du village. Certains viennent de très loin pour en profiter.

On a même pu y voir Jermaine Jackson, le frère de Michael, venu pêcher la carpe en famille, incognito, ou presque. Son abbaye cistercienne Notre Dame du Reclus fut fondée au début du XIIème siècle par saint Bernard. On trouve trace dans les archives de Talus-Saint-Prix de la présence de la famille Poilvert, qui élabore sa cuvée avec François Lavergne, dès 1663.

ABV.
Les ABV, apéritifs à base de vin ou viniques sont élaborés à partir d'une base de 75% de vins aromatisés. Bigallet pour exemple.

Guignolet.
Le guignolet d'Anjou fut inauguré par une religieuse de l'abbaye des Bénédictines de Saumur en 1632 : macération de cerises aigres et noires dans de l'eau-de-vie. Il doit son nom à la guigne*, l'une des espèces de cerises utilisée dans sa préparation. En 1849, Adolphe Cointreau confiseur à Angers élabore à son tour des liqueurs, dont le fameux guignolet d'Anjou. *La cerise guigne est une cerise douce et juteuse, fruit d'un arbre hybride obtenu à partir du Prunus cerasus (cerisier) et du Prunus avium (merisier).

Triple sec. Jean-Baptiste Combier fonde en 1834 une distillerie à Saumur dans l'arrière-boutique de sa confiserie. Il crée le triple sec, distillation d'écorces d'oranges douces et amères : l'original Combier liqueur d'orange.

Vins de liqueur, VDL En France, les VDL sont des mistelles, jus de raisin non fermentés. VDL et VDN en France et différence de régime fiscal : les VDL sont sous le régime des spiritueux, ajout d'alcool neutre à 96% ou d'eau-de-vie de la région de production : Ratafia, Macvin, Floc, Pineau pour les plus connus d'entre eux.

Vins doux naturels, VDN.
Mutage : action d'empêcher (mistelles) ou d'interrompre la fermentation en ajoutant de l'alcool ou de l'eau-de-vie au moût de raisin : Muscats, Maury, Rivesaltes, Banyuls, Rasteau. Vins fortifiés à élevages oxydatifs ou non : à l'étranger, Porto, Moscatel de Setúbal, Jerez, Sherry ou Xérès, Manzanilla, Málaga, Marsala, Madère.

Málaga.
Le Málaga est un vin viné sucré fait à partir des cépages Moscatel et Pedro Ximénez. Il est élaboré selon le même principe que le Xérès, la solera (cascade de fûts).

Madérisation.
La madérisation est une transformation d'un vin qui peut se produire spontanément. Oxydation donnant un goût de rancio, pruneau et autres fruits à noyau cuits, brou de noix, bois humide, cacao.

Madère.
La madérisation est provoquée volontairement. Le madère est un vin doux naturel (VDN) muté proche par son processus de vinification du porto, du xérès espagnol, du marsala de Sicile mais aussi des vins de « voile » comme le vin jaune du Jura, lui non muté mais oxydatif. Les vins mutés voient leur processus de fermentation stoppé par une adjonction d'alcool éthylique ou d'eau-de-vie (eau-de-vie de vin pour le madère) en cours de fermentation. Le moment du mutage est important, car il va définir le niveau de sucrosité du vin qui sera plus ou moins sec ou même doux. Le madère est muté avec de l'alcool à 96%. Mais la singularité du madère réside dans un processus postérieur au mutage et ses deux techniques dites estufagem, le chauffage, et canteiro. La première consiste à chauffer le vin dans des cuves en inox; En fonction de la chauffe, la couleur des vins est dorée, tuilée ou brune.

Avec la deuxième méthode, le vin est mis directement en tonneaux entreposés sous les toits. On recherche de l'oxydation durant la vinification. Les tonneaux sont remplis à 90 %, ce qui entraîne entre 5 et 8% de perte par évaporation.

Déclaration universelle des droits de l'homme du 10 décembre 1948 article 3 : « tout individu a droit à la vie, à la liberté et à la sûreté de sa personne ». De plus, il ne sera fait aucune distinction fondée sur le statut politique, juridique ou international du pays ou du territoire dont une personne est ressortissante, que ce pays ou territoire soit indépendant, sous tutelle, non autonome ou soumis à une limitation quelconque de souveraineté.

Terroirs acides. Le récepteur de l'umami est aussi capable de détecter un acide qui est issu de la fermentation et qui s'appelle l'acide succinique. Terroir pauvre, peu de sol, pas d'azote, très peu d'ions minéraux et un goût umami un peu salé. Cela donne des moûts qui ne sont pas faciles à fermenter. Mais dans ces situations de fermentation un peu difficiles, la levure essaie de chercher de l'azote dans son répertoire, et en faisant cela, elle fabrique beaucoup d'acide succinique. Cela donne des vins en rondeur, expression moins minérale, plus cépage, un goût plus global moins profond comme le saké plus riche en succiniques.

Complantés. Des blancs dans les vignes des rouges. Parfois dans le bas des parcelles (Côte-Rôtie).

« Toute personne est une histoire sacrée. »

Irrigation. Article D645-5 du code rural et de la pêche maritime.

I. L'irrigation des vignes aptes à la production de vins à appellation d'origine contrôlée est interdite du 1er mai à la récolte. II. Par dérogation au I, lorsque le cahier des charges de l'appellation d'origine contrôlée le prévoit, l'irrigation des vignes peut être autorisée pour une récolte déterminée en compensation du stress hydrique dès lors que celui-ci est susceptible de remettre en cause la qualité de la production viticole. Cette autorisation est délivrée par décision du directeur de l'INAO, institut national de l'origine et de la qualité.

Partir.
Le voyage est une journée. On dit bien journey in English. La préparation est déjà se sentir dans l'élément d'arrivée. Bien sûr il faut des contraintes de transport, de passeport, de règles, de visas, d'obligations, de climat, de météo, de nourriture. Mais dans notre tête, il faut être déjà en rêve, en attitude d'altitude fraîche et pure de liberté retrouvée, nos souvenirs de plages d'enfance, des journées rythmées pas la baignade, par les parents, les grands-parents, le soleil, la mer, ses embruns, reflux, son odeur sous la lune le soir ; ou la neige et ses monts. La poésie est simplement le parti pris d'embrasser le monde avec tendresse, avec ses instants, étoiles en dormant.

Le Jardin royal des plantes médicinales a été aussi bien un jardin des plantes que l'institution royale ayant précédé historiquement le Muséum national d'histoire naturelle pendant la période qui s'étend de son inauguration en 1640 à sa transformation en Muséum national en 1793. Le siège du Muséum est toujours situé dans le même jardin que celui de la période monarchique mais il est de nos jours connu sous le nom simplifié de « Jardin des Plantes ». En 1635, un édit définit la vocation du futur jardin : « cultiver un échantillon de toutes les plantes connues. »

Kiwi.
Vers 1750, le père jésuite Pierre Le Chéron d'Incarville fut le premier européen à décrire cette plante. Elle poussait alors en lisière des forêts situées de part et d'autre du fleuve Yang Tsé Kiang. Le fruit était alors appelé groseille de Chine pour sa saveur évoquant la groseille à maquereau. Les premiers plants arrivèrent en France à Nice en 1904 et en 1920 au Jardin des Plantes. L'unique plant femelle du Museum national d'histoire naturelle fructifia pour la première fois en 1937.

Mal : attention aux vits russes.

Vins cuits : Provence.
Un vin cuit est un vin doux qui est obtenu par un chauffage de sa cuve. Le procédé a pour effet de concentrer le moût avant sa fermentation alcoolique qui est stoppée. On y ajoute du moût frais pour relancer la fermentation.

Vins aromatisés. Vermouths et quinquinas apéritifs. Quinquina est masculin.

Fermes jolies. 11 km au sud-ouest de Livarot : fabrication et vente de fromages fermiers au lait cru et entier à Fervaques. Pavé d'Auge, pont-l'évêque, ferme de la Moissonnière. 13 km au sud-est de Pont-l'Évêque. Francoise et Jérôme Spruytte, 3ème génération. Fromagerie Spruytte. 16 km au nord de Livarot : domaine Saint-Hippolyte.

Goélands.
Mouettes et goélands : comment les différencier ? Observer le bec de l'animal : s'il est rouge, c'est une mouette. S'il est jaune, c'est un goéland.

Saône.

Sa source se trouve à Vioménil à 25 km au sud-est de Vittel. La rivière conflue avec le Rhône à La Mulatière, 5 km environ au sud de Lyon. Les alluvions jouent un rôle dans les beaujolais et les rendent plaisants par définition. Beaujolais du nord au sud, rappel : Saint-Amour, Juliénas, Chénas, Moulin-à-Vent, Fleurie, Chiroubles, Morgon, Régnié (Durette), Côte-de-Brouilly dans le Brouilly, Brouilly. On ne prononce pas le s de Juliéna et Chéna. Ainsi J'aime Chatoyer Mes Faveurs Chez Maître le Curé Bon.

Acides aminés.
Un acide aminé est une molécule. Environ 500 acides aminés ont été identifiés dans la nature, mais seulement 20 (21) acides aminés constituent les protéines présentes dans le corps humain. Les acides aminés représentent environ 20% de notre corps et 50% de notre masse corporelle solide. Ils sont le deuxième composant le plus important de notre corps après l'eau. Tous les corps vivants contiennent les mêmes 20 types d'acides aminés dont l'acide glutamique E620 et la tyrosine. L'acide glutamique révèle un petit goût d'umami ; les sels de l'acide glutamique sont les glutamates monosodiques, E621, MSG Monosodium glutamate. Le mot tyrosine vient du grec tyrí fromage. Le vivant organique donne du goût.

La matière du vin doit être une expression de la vie.

Assemblages : le vin est un dosage d'amour.

Bordeaux est la science du fût, la Bourgogne de la rafle, la Champagne du temps et de la craie, le Rhône du blanc.

As de pique. Ace of spades.

Aniane.

C'est saint Benoît d'Aniane, conseiller de Charlemagne et également de son fils futur Louis Ier alors roi d'Aquitaine, qui crée le vignoble de la vallée du Gassac à partir des années 780.

Brevets. Édouard-Léon Scott de Martinville 1857. Thomas Edison 1877. Enregistrement d'une première voix humaine : 1860.

Pasteur. 1881 les moutons, 1885, la rage.

Verdun avant 1916. : août 843 ; c'est à la suite de ce traité que la zone géographique appelée « Gaule* » depuis plus de mille ans est désignée sous le nom de « Francie occidentale ». *Le nom de Gallia est attesté pour la première fois chez Marcus Porcius Cato, dit Caton l'Ancien, vers 168 av. J.-C. Consul en 195 av. J.-C., militaire, il combat les Carthaginois, pendant la deuxième guerre punique**, de 217 à 207 av. J.-C. **218 à 202 av. J.-C.

La solera est un système d'élevage de vins qui permet un assemblage entre les vins d'années différentes. Cette méthode est aussi utilisée dans la production de champagnes (vins de réserve), vinaigres comme les balsamiques traditionnels de Modène et spiritueux comme le rhum ou le whisky. Traditionnellement utilisée en Espagne.

Modène.
La transformation en vinaigre balsamique traditionnel va prendre au moins douze années. Au fur et à mesure de son évaporation par les chaleurs d'été, il va être transféré dans des fûts de plus en plus petits d'essences de bois différentes, chêne rouvre, châtaignier, frêne, merisier, mûrier, genévrier qui vont enrichir ses arômes et sa complexité aromatique. Cet ensemble de tonneaux est appelé « batteria », batterie.

Saint Sang. Longinus : un soldat s'avance et perce l'abdomen de Jésus de la pointe de sa lance. Le troisième jour, garde du tombeau, il est témoin de l'apparition des saintes femmes*.

« Soyez sans crainte, allez dire à mes frères qu'ils doivent se rendre en Galilée : c'est là qu'ils me verront. »

*Marie Madeleine, Marie épouse de Cléophas ou Clopas frère de Joseph et mère de Jacques le Mineur et de Siméon-Simon, Marie Salomé épouse de Zébédée et mère de saint Jacques et saint Jean.

Siméon-Simon est le deuxième chef de l'église de Jérusalem, après son frère Jacques martyrisé et lapidé en 62, de 73 à sa mort, crucifié en 107. En 70, Jérusalem tombe au terme d'une guerre de quatre ans et d'un siège de plusieurs mois : la cité est rasée, le temple détruit.

L'essentiel.
L'essentiel de la vie est de la vivre pleinement avec ses doutes, ses émotions, ses erreurs, ses passions. Du latin passio : souffrance. L'avènement. Les nations ont dépassé le christianisme, la mort du grand rêve céleste.

Aubazine. En 1895 suite au décès de sa mère, son père Albert abandonne Gabrielle à l'orphelinat de l'abbaye d'Aubazine avec ses sœurs Julia et Antoinette. La future créatrice restera marquée toute sa vie par ses six années passées de douze à dix-huit ans à Aubazine jusqu'en 1901 : logo Chanel.

Thon et artichauts. Tonno e carciofi.

Haribo.

Marque allemande de confiserie crée en 1920 à Bonn par le confiseur Hans Riegel : HAns RIegel BOnn.

Porto Ruby « Rubis ». Du violet au rubis profond en passant par le grenat. Jeune, fruité, riche, intense, porté sur les fruits rouges et noirs, avec des notes d'épices. Non oxydatif, jusqu'à six ans au maximum avant la mise en bouteille. Certains styles (vintages) évoluent ensuite en bouteille. Ruby, Ruby Reserve, Crusted, Late Bottled Vintage (LBV), Vintage. Comme son nom l'indique, le Porto Crusted crée un dépôt naturel dans la bouteille. Un Porto LBV est un Porto issu d'un seul millésime. L'Institut des Vins du Douro et de Porto I.P. (IVDP) déclare des années millésimables et chaque maison décide alors de millésimer ou non sa production. Crusted en croûte (pâté). Porto Tawny. « Fauve ». Du rubis profond aux légères notes orangées jusqu'à des teintes brunes ambrées pâles. Plus patiné, évolué, avec des notes boisées, épicées et des arômes de fruits séchés prenant le pas au fil du vieillissement du vin. Oxydatif, en barriques, foudres ou en cuves, au contact de l'air pour une oxydation lente délibérée. La durée de vieillissement est généralement précisée sur l'étiquette de 10 à 40 ans : Tawny, Tawny Reserve, 10 years old, 20 years old, 30 years old, 40 years old, Colheita qui ne provient que d'un seul millésime.

Carne de porco à alentejana. C'est le plat emblématique du Portugal, pas un restaurant du nord au sud qui ne propose ce plat. Le principe de la recette est simple : association de porc avec des palourdes ou des coques, vin blanc et petites pommes de terre.

Descartes, Voltaire et Montaigne, la bonne synthèse. Il se faut prêter à autrui et ne se donner qu'à soi-même. Montaigne. Deus sive natura, dieu est nature et il faut cultiver son jardin. C'est celui qui nous donne vie.

Ne comptez pas sur les autres pour exister. Rangez-vous à leurs côtés mais priez pour vous.

Hastings*.
36 hectolitres (3600 litres) de vin chaque jour pour préparer la bataille Hastings. Les w et g sont interchangeables à l'époque donnant William et Guillaume. *14 octobre 1066.

Ikizukuri - ikezukuri 生き作り/活け造り. Poisson vivant. Le chef prépare le poisson sans tuer l'animal.

Stems. Desteming : The process of removing the grape berries from the stems once the grapes have been harvested. The goal is to minimize the amount of astringent tannins that stems can add to wine.

L'acide nucléique et l'acide aminé sont deux types de biomolécules importantes dans la cellule. le différence principale entre l'acide nucléique et l'acide aminé est que l'acide nucléique est un polymère de nucléotides qui stocke les informations génétiques d'une cellule, tandis que l'acide aminé est un monomère qui sert de bloc constitutif aux protéines.

Blanc sur rouge, rien ne bouge, rouge sur blanc tout fout le camp. Lorsque le pavillon blanc est au-dessus du rouge, les marins restent à bord et ne bougent pas. Au contraire, lorsque le pavillon rouge est au-dessus du blanc, cela signifie quartier libre, et tout le monde fout le camp.

Suif ou saindoux. Le suif provient du mouton ou du bœuf, le saindoux du porc.

Broquelets : utilisés avant l'invention des bouchons en liège, cheville en bois recouverte de chanvre et de suif.

Liteau : serviette de service du vin. Ne pas confondre avec linteau.

Mozart est éternel. Le goût toujours : Mozart est là.

Madame de Staël : « plus je connais les hommes, plus j'aime les chiens. » Pour la postérité, fille unique de Necker.

Là-bas ya des femmes voilées.

L'appellation d'origine contrôlée (AOC) désigne un produit dont toutes les étapes de fabrication sont réalisées selon un savoir-faire reconnu dans une même zone géographique, qui donne ses caractéristiques au produit. L'appellation d'origine protégée (AOP) est l'équivalent européen de l'AOC. Elle protège le nom d'un produit dans tous les pays de l'Union européenne.

Pommeau.
Apéritif de type mistelle obtenu par l'assemblage de jus de pommes non fermenté et d'eau-de-vie. AOC-AOP. 3 pommeaux, 2 cidres, 1 poiré. Apéritif à base de cidre AOC-AOP Bretagne, pommeau de Bretagne ; apéritif à base de cidre AOC-AOP Normandie pommeau de Normandie ; apéritif à base de cidre AOC-AOP Val de Loire pommeau du Maine.

Cidre AOC-AOP Bretagne Cornouaille ;
Cidre AOC-AOP Normandie Pays d'Auge ;
Poiré AOC-AOP Normandie Domfront.

Cornouaille. Du breton konk, coin ou du latin concha, coque, au sens toponymique que l'on retrouve par Concarneau ; ne pas confondre avec les Cornouailles britanniques.

61 produits laitiers bénéficient d'une indication géographique : 51 d'une Appellation d'Origine Protégée (AOP) et 10 d'une Indication Géographique Protégée (IGP). 46 fromages AOP répartis selon trois types de lait : brousse du Rove (notre toute dernière petite AOC depuis 2018, AOP depuis le 28 mai 2020). 3 beurres : beurre de Bresse, d'Isigny et de Charentes-Poitou.

2 crèmes : crème de Bresse et d'Isigny (origine de Disney).

Goulot ou col.
Renforcement du goulot. Avant la machine, le bouchon était introduit au marteau, le goulot étant la partie la plus fragile de la bouteille. Bien pratique pour le tire-bouchon Coutale. Coutale.com : viticulteurs depuis six générations à Cahors. Clos La Coutale. Vire-sur-Lot, cinq kilomètres après Puy-l'Évêque, 46700.

Pigeur, piger. Dip. Sous l'effet de la fermentation alcoolique en vin rougele chapeau de marc se compacte et flotte à la surface de la cuve. On estime que seulement 20 % de celui-ci est en contact direct avec le moût de raisin. Seule une action mécanique permet de déstructurer la partie solide dans la cuve. Avec un pigeage régulier, 80 % des peaux de raisins sont ainsi en contact direct et en immersion dans le vin. Toutes les études sur le pigeage démontrent que cette technique permet l'obtention de vins plus riches et structurés, avec augmentation sensible du gras, de la rondeur et du volume.

Bretagne. Seulement deux appellations, un cidre, un pommeau sur les 461 appellations, vins (319), fromages (46), eaux-de-vie (46) et les 6 autres pommeaux, cidres et poirés et 44 produits du terroir.

Saintes et reines de France. Clothilde (Clovis), Radegonde (Clotaire 1er, fils de Clovis), Bathilde (Clovis II et mère de Clotaire III) : « Clovis II avait eu trois fils de la reine Bathilde : Clotaire III, Childéric et Thierry. Clovis II termina sa vie après avoir régné pendant seize ans.

Les Francs élevèrent à la tête des trois royaumes, son fils aîné Clotaire, ainsi que la reine, sa mère, régente de 657 à 659. »

451, Attila stoppé à Bergères-lès-Vertus. Champagne !

Nuits.
Nuys, aujourd'hui Neuss, 10 kilomètres à l'ouest de Düsseldorf, capitale des Nuitons, associés aux Burgondes dans leur conquête.

Cépage : gros plant. Appellation : gros-plant-du-pays-nantais.

Cépage : muscadet. Appellation : aussi. Serait le fruit d'un croisement d'un très ancien cépage, aujourd'hui disparu, le gouais blanc et le pinot noir confirmant son origine bourguignonne de melon blanc.

Chamanisme. Nous n'aurons bientôt plus d'autres choix. Si vous trouvez une montre, vous ne doutez pas qu'elle a été fabriquée par un horloger. François Jacob, Le jeu des possibles. Une seule vie, changeons l'heure d'étati.

Apaches. Arrêtons la pluie.
« The Apatchis » nii'ātìì': It is going to stop raining.

« Qui boit du vin, qui si ce n'est le sage. Sois heureux un instant, cet instant c'est ta vie. »

Bouchons. Without a trace of cork taint and microbial contamination. Wooden boat. Barque. Écorce : bark.

Charcuterie. De chair cuite (par opposition à la chair crue débitée par le boucher). Ne pas confondre avec les salaisons : action de saler un produit pour le conserver.

Millésimes.
Le pythagoricien Philolaos né vers 470 et mort vers 390 av. J.-C. tient que le nombre 1 symbolise le point et la rupture, le 2 la ligne, le droit, le 3 le triangle, l'ambivalence, le 4 le volume, le 5 les qualités et les couleurs, le 6 l'âme et sa chaleur, le 7 la lumière climatique, 8 l'amour, 9 la frontière au sacré, 10 le tout, le parfait. Sa conception de la structure du cosmos et ses considérations sur le rôle du nombre dans l'intelligibilité du monde constituent un apport original non moins que déterminant pour la philosophie de Platon et d'Aristote.

Enceinte Philippe Auguste.
La plus ancienne dont on connaisse le tracé précis aux 77 tours semi-cylindriques de 15 mètres de haut encerclait la cité et fut construit avant le départ du roi pour la troisième croisade. Philippe Auguste, septième roi de la dynastie des Capétiens, engagé dans une lutte contre la dynastie anglaise des Plantagenêt, entreprend alors l'élévation d'une muraille d'une longueur 5,1 kilomètres rive droite et rive gauche. Au niveau du n°9 de la rue du Louvre, on peut apercevoir l'envers d'une des 77 tours de l'enceinte, c'est-à-dire son parement intérieur.

Au comptoir.
Je n'achète plus mes tentes chez Decathlon, je les prends dans le Marais.

Vaccin.

1796 : Edward Jenner. 85 ans après, Pasteur : vaccination d'un troupeau de moutons contre le charbon le 5 mai 1881.

Pensées. On n'a pas le droit de penser c'est une faute. L'enfant nait pour subir, une éducation, un lieu, un choix, une attitude, un vide. Plus l'enfant est vidé de ses envies, plus les parents contrôlent son dogme futur. Je pense comme je suis. Mais l'enfant peut penser différemment, il se révolte en son for intérieur, il a tort puisqu'il pense différemment, il en souffre. L'inceste est d'abord mental. Le pire est physique, mais la honte est mentale.

Mort : tout le principe de la mort est de tout arrêter. Je pense même que le principe de la destruction est de détruire, d'aimer son contraire.

Les champions fromagers. En AOP, sur un peu plus de 200 000 tonnes, le comté presque au tiers à 62 000 tonnes ! Suivent le roquefort 16 000, le reblochon 15 000, le saint-nectaire 14 000, le cantal 12 000, le morbier 10 000. Bleu d'Auvergne. 5 240 tonnes dont fermier 75 tonnes. Cela sent bon le supermarché. Le camembert se perd à 6 000. La plus petite, la fourme de Montbrison fermière 5 tonnes puis le banon fermier 14. En IGP, la plus grande, la raclette (de Savoie) 3 000 ; la plus petite, la raclette quand fermière 19.

Cantal.
Dérivé du gaulois canto (montagne).

Restaurants. Restauration, se restaurer. Le premier restaurant attesté comme tel est ouvert en France à Paris en 1765 au 16 rue des Poulies de l'angle de la rue Jean Tison, rue Bailleul à la rue du Louvre actuelle (1853).

Il reprend les codes des restaurants d'aujourd'hui : tables séparées et menu à choix multiple, mais surtout des bouillons. « Venite ad me (…) et ego restaurabo vos. » Table actuelle : chez Micheline (sans commentaire).

Le symbole du lys apparaît sur les blasons français par Clovis lors de sa conversion au christianisme qui adapte le symbole trinitaire par trois fleurs.

Se protéger. Un microbiote est l'ensemble des micro-organismes, bactéries, virus, parasites et champignons d'un microbiome.

Biscuit. Cuit deux fois. "Bisket". Nous vient de la porcelaine (porcelain).

Argile bleue. Blue clay. Limestone-clay soil.

Pesticides. *Pesticïdes.*

Le vrai Luxe est une découverte
CHAMPAGNES
LAVERGNE

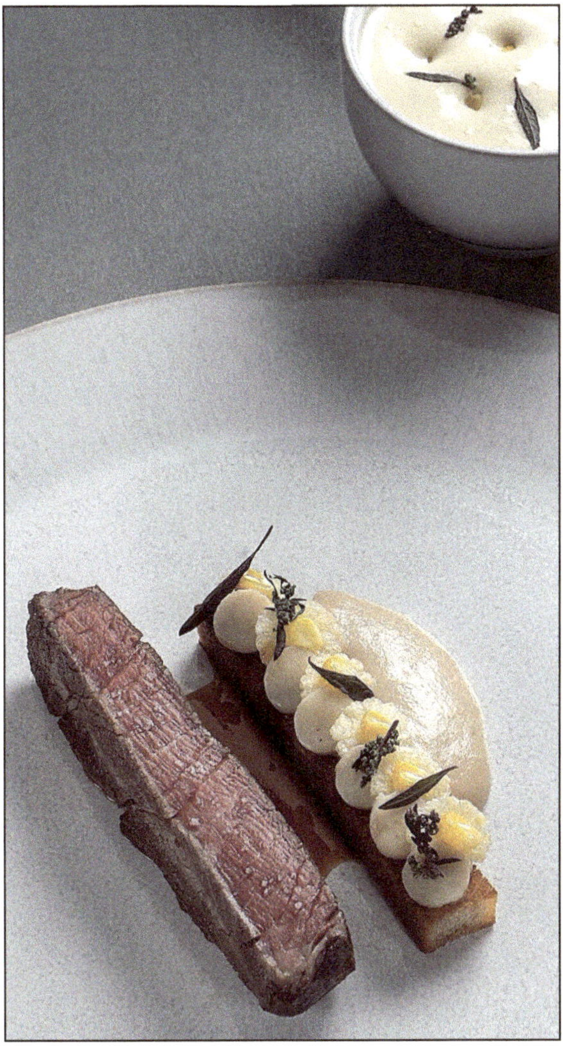

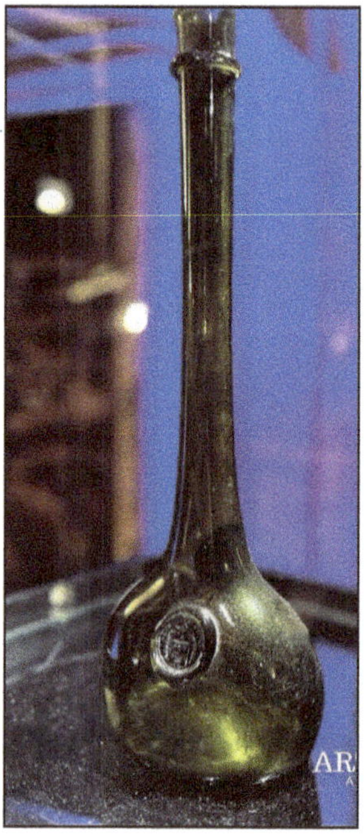

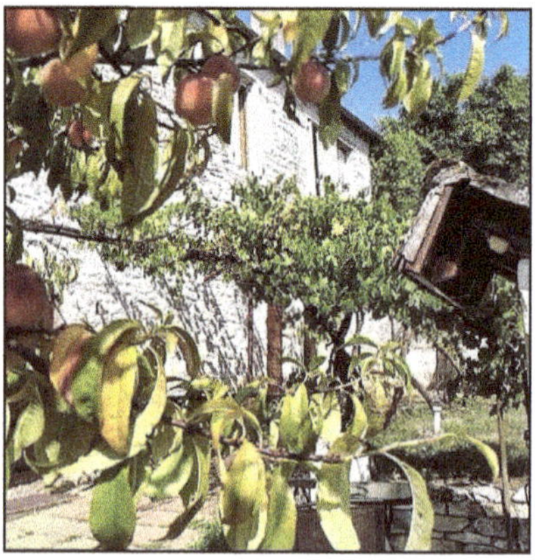

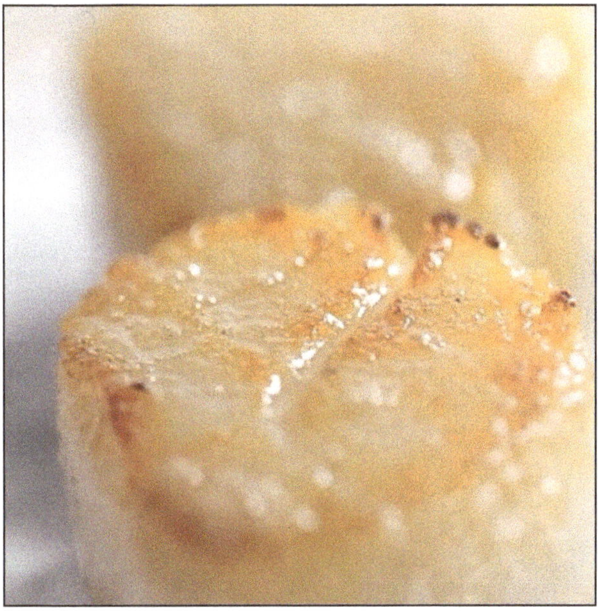

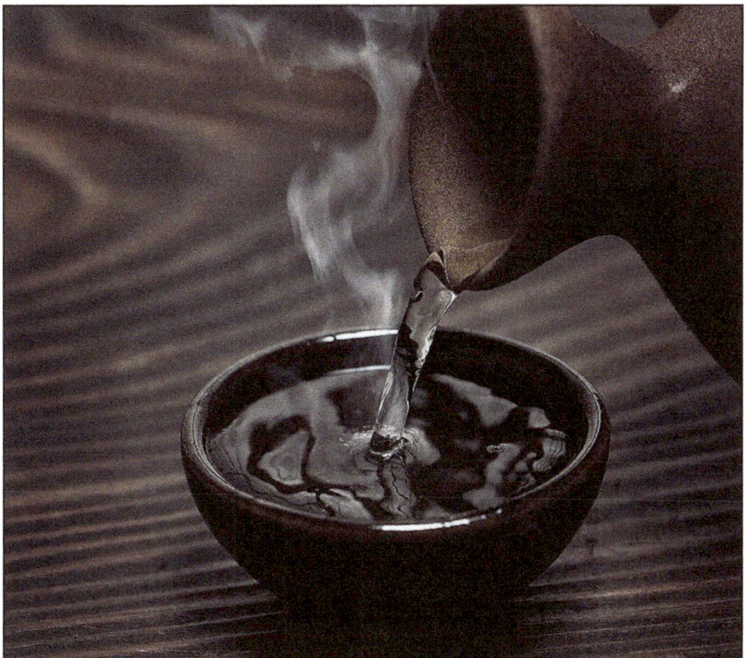

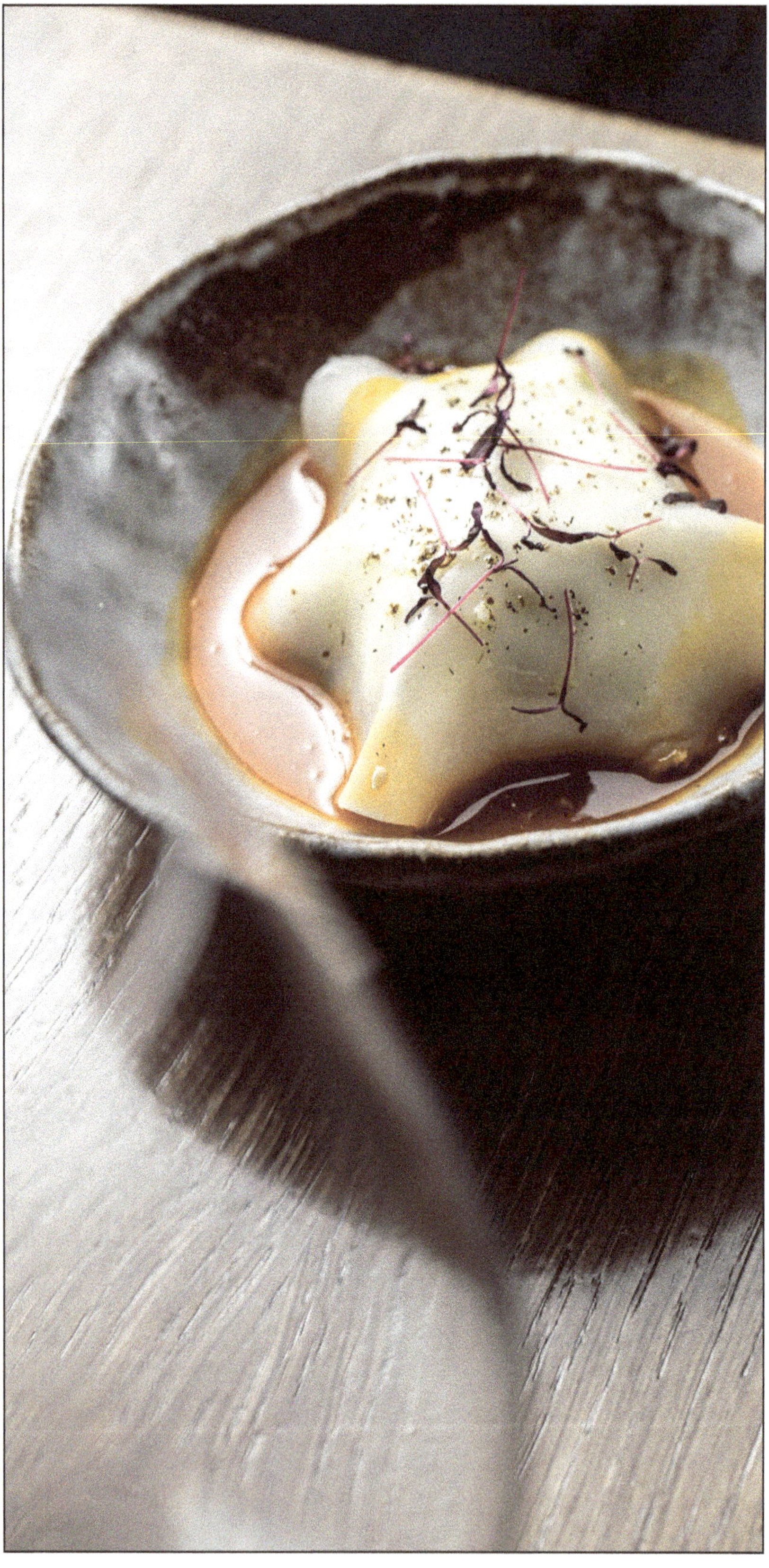

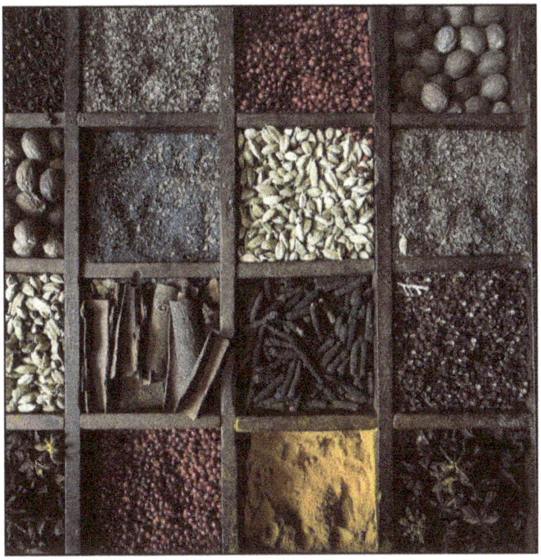

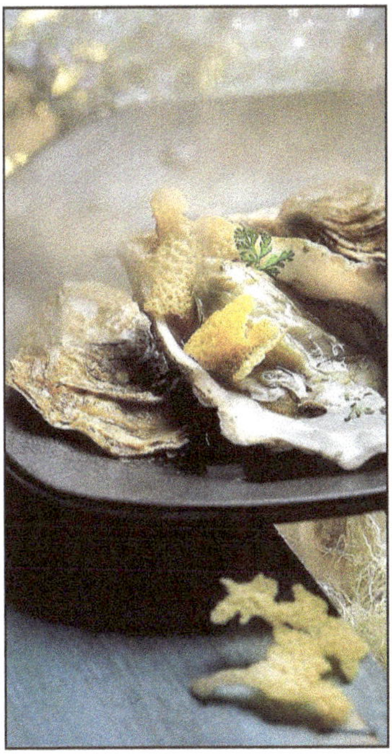

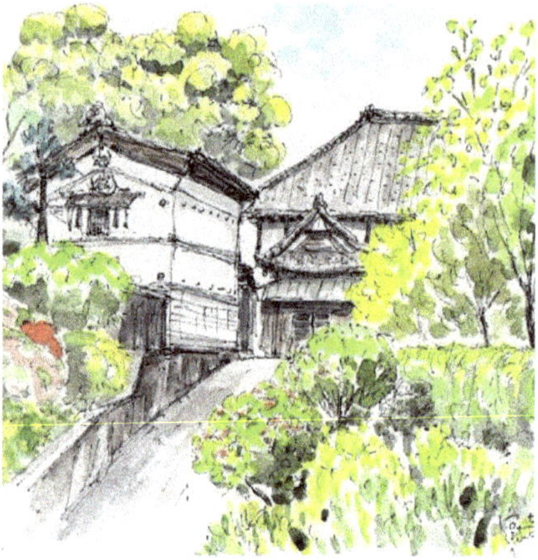

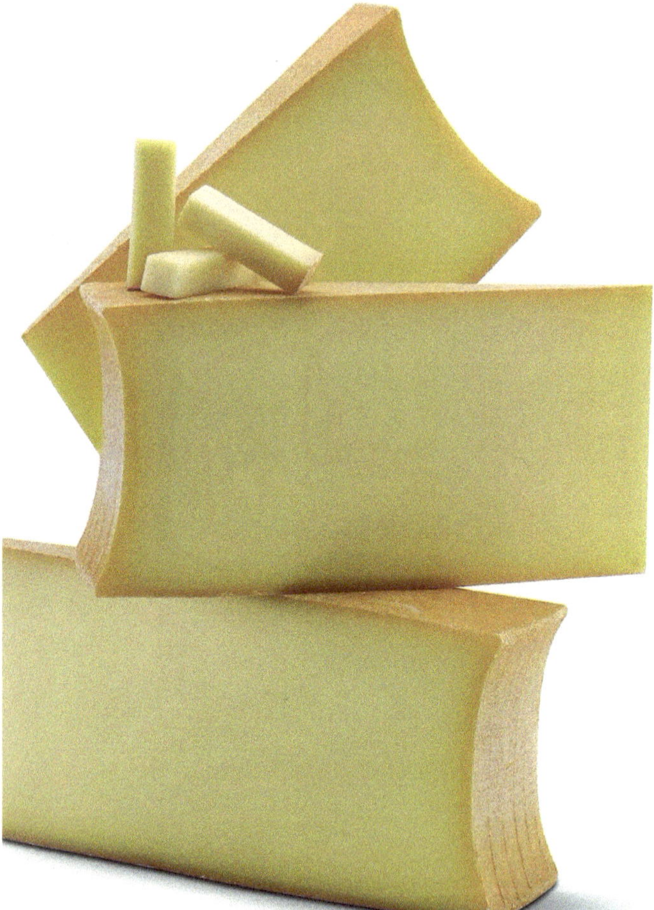

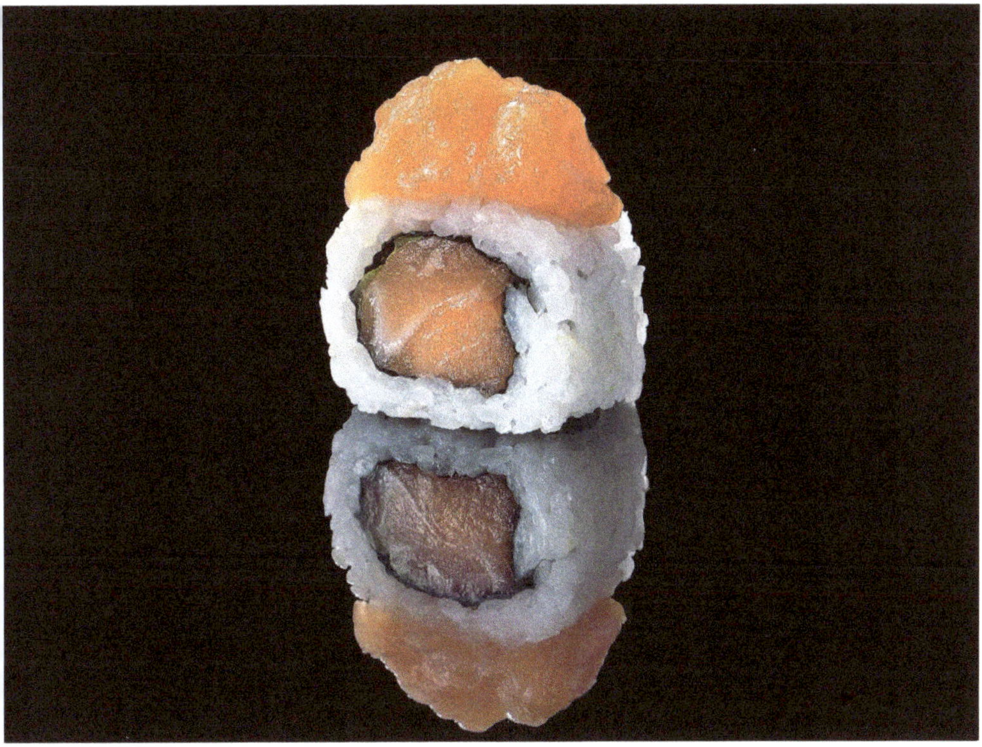

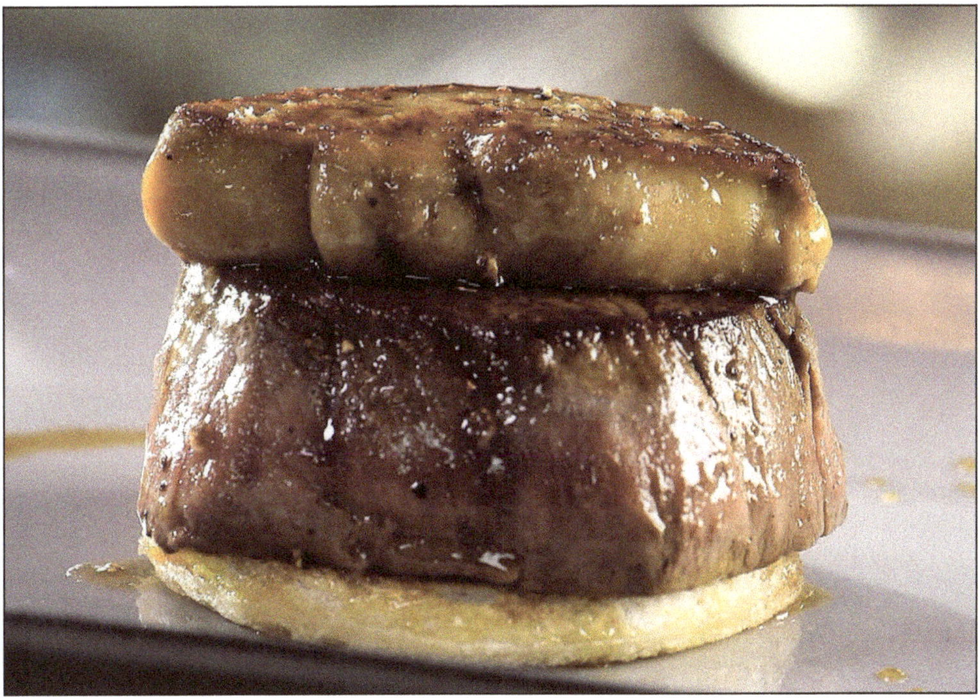

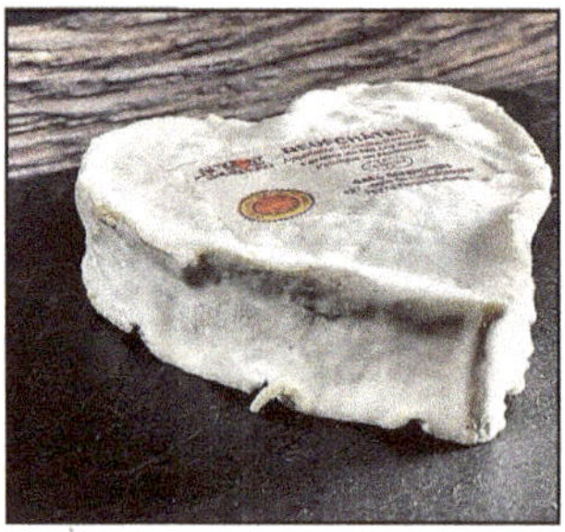

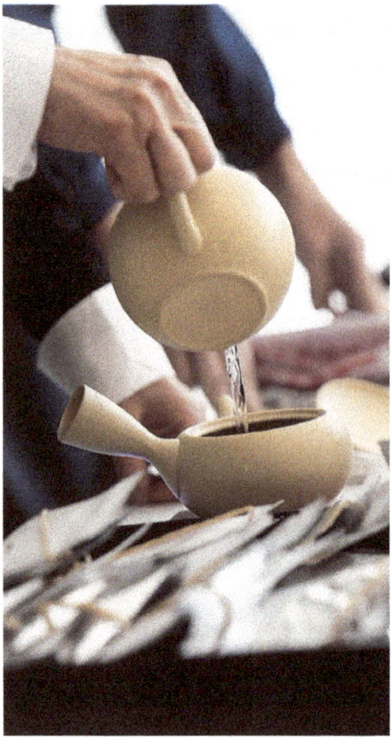

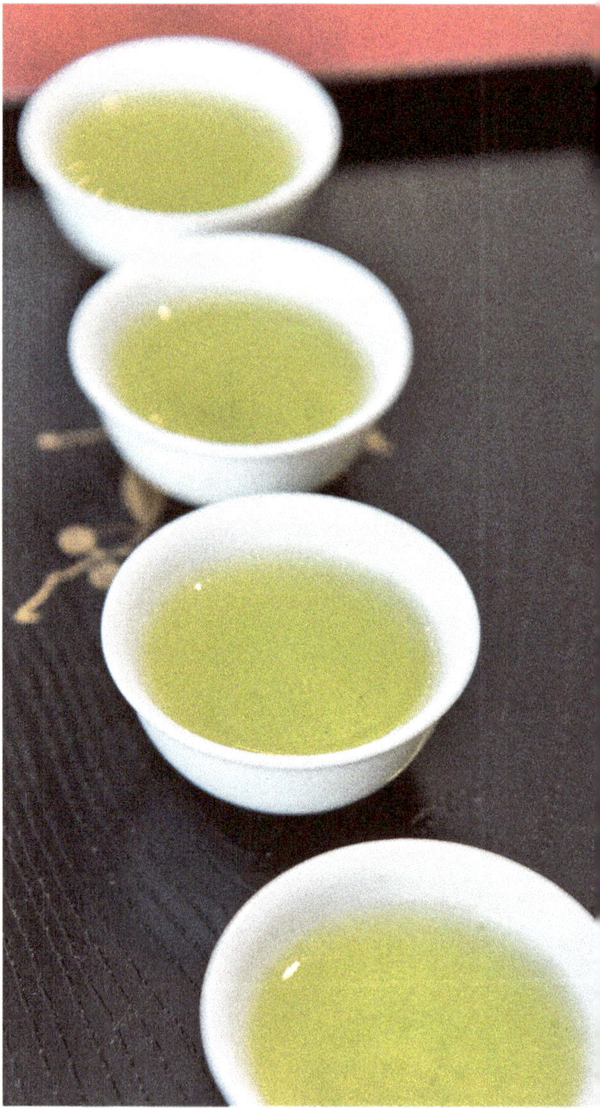

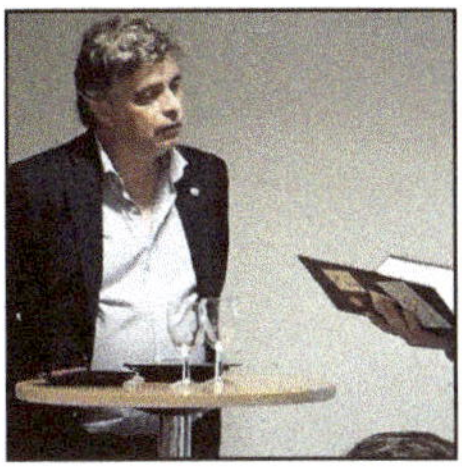

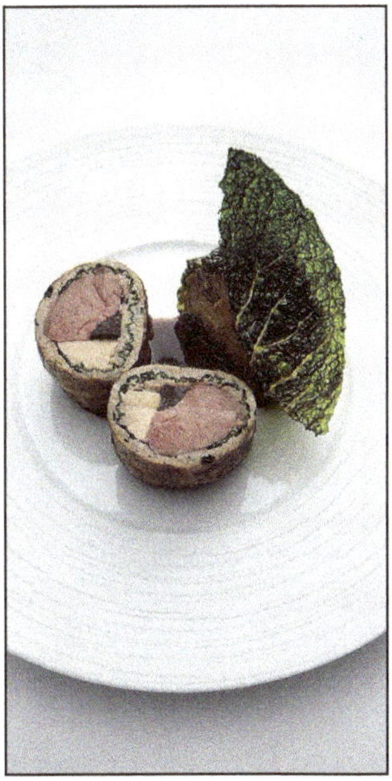

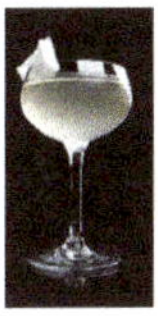

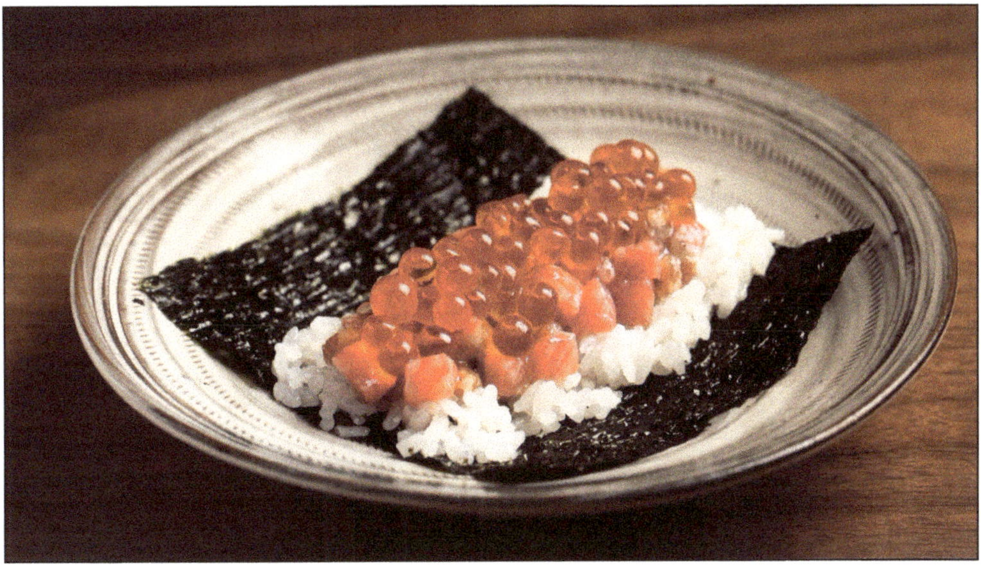

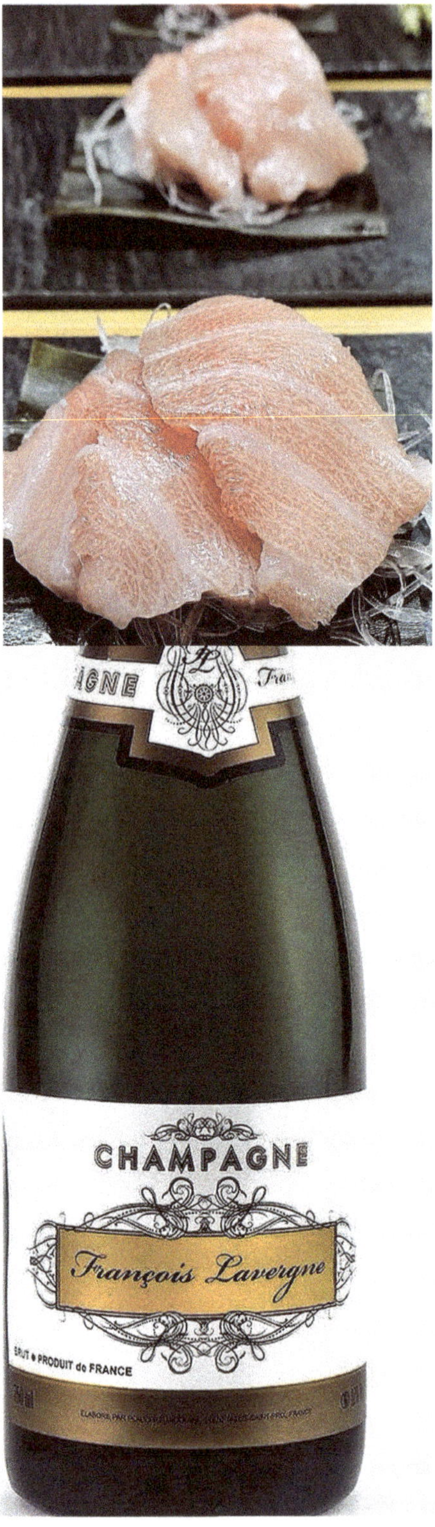
CHAMPAGNE
François Lavergne
BRUT • PRODUIT de FRANCE

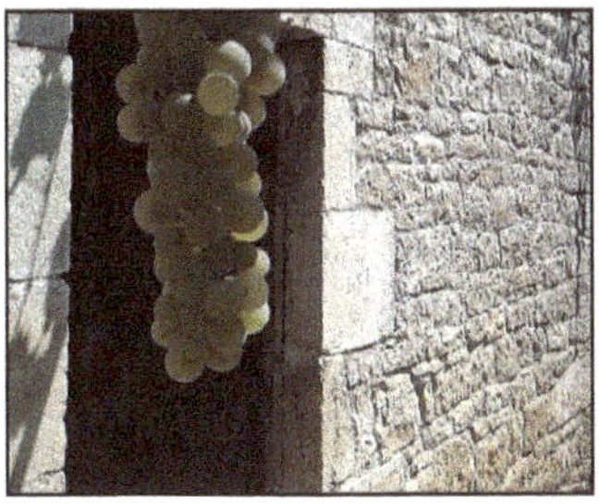

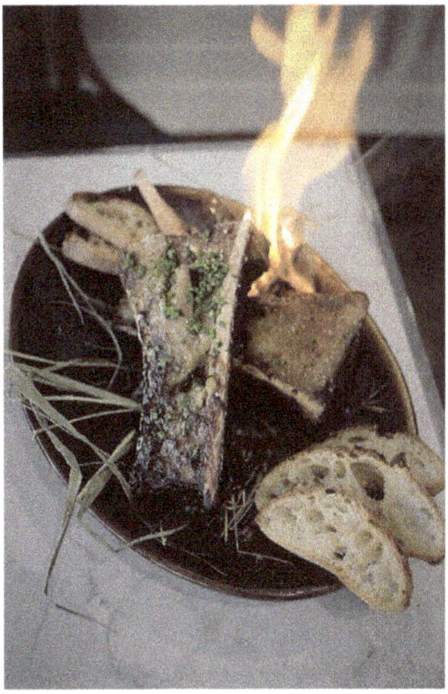

LE CORDON BLEU
1895
PARIS

Milton Keynes UK
Ingram Content Group UK Ltd.
UKHW021033090524
442331UK00006B/83